# Rites mystiques wiccans

**La magie Wiccan dévoilée:**
Exploration des sorts et des rituels
pour l'autonomisation spirituelle

Sophie Renaud

# Table des matières

# Introduction

Peu de voies sont aussi captivantes et fermement ancrées que la Wicca dans le monde de la spiritualité et du surnaturel. La Wicca est une expérience intense qui change la vie des personnes attirées par les merveilles du monde naturel, les secrets de l'espace et la quête de l'autonomisation spirituelle. Cela combine la spiritualité traditionnelle avec une vision moderne, tissant des sorts et des rituels pour renforcer l'intention de chacun et établir une connexion avec le divin.

Votre clé pour déchiffrer les mystères de la magie Wiccan est ce livre électronique, "Mystic Wiccan Rites: Wiccan Magic Unveiled - Exploring Spells and Rituals for Spiritual Empowerment". Ce livre électronique est destiné à être votre compagnon de voyage fiable, que vous soyez un voyageur curieux, un novice entrant dans le domaine de la sorcellerie ou un praticien expérimenté cherchant à élargir ses connaissances.

La Wicca est une tradition spirituelle païenne moderne qui met l'accent sur l'interconnexion de la nature et de tous les êtres vivants. Les sorts et les rituels sont essentiels à la pratique wiccan car ce sont des instruments puissants qui permettent aux pratiquants d'accéder aux forces de l'univers, de façonner leur destin et de réaliser de bons changements dans leur vie.

Les sorts concentrent l'attention et l'énergie pour actualiser ses objectifs ; ils sont fréquemment considérés comme les éléments fondamentaux de la magie wiccan. A l'inverse, les rituels offrent un cadre et un espace sacré pour se connecter avec le divin, communiquer avec les éléments et respecter les cycles naturels. Ensemble, ils forment le cœur et l'âme de la Wicca, offrant un chemin vers la croissance spirituelle, la guérison et l'autonomisation.

Dans les chapitres suivants, nous approfondirons l'étude de la magie Wiccan. Nous explorerons le vaste contexte de la Wicca, révélerons ses idées et principes clés et démystifions la pratique du lancement de sorts. Vous découvrirez la signification des éléments dans votre pratique, apprendrez à créer votre propre autel et espace sacré et comprendrez le symbolisme des outils Wiccan.

Nous examinerons différents sorts, de l'amour et de la prospérité à la guérison et à la protection. Vous en apprendrez davantage sur l'art de créer vos propres sorts et découvrirez l'importance du timing et des phases de lune dans le travail des sorts. Élément clé de la pratique wiccan, les rituels seront révélés, fournissant des conseils sur la planification et la réalisation de cérémonies importantes.

En parcourant les pages de ce livre électronique, puissiez-vous trouver l'inspiration, la sagesse et l'autonomisation. La magie Wiccan a beaucoup à offrir, que votre objectif soit une expérience spirituelle profonde, une relation plus étroite avec la nature ou une transformation personnelle. Bienvenue dans un monde où l'ordinaire devient extraordinaire, le banal est imprégné de magie et votre capacité de croissance spirituelle et d'autonomisation ne connaît aucune limite. Votre aventure commence maintenant.

# CHAPITRE
# I
# Comprendre la Wicca

## Qu'est-ce que la Wicca ?

De nombreux chercheurs et passionnés spirituels dans le monde entier sont attirés par la tradition païenne et la sorcellerie moderne connue sous le nom de wicca. Enracinée dans d'anciennes pratiques et croyances païennes, la Wicca est apparue au milieu du XXe siècle comme une voie spirituelle contemporaine basée sur la nature. Fondamentalement, la Wicca célèbre le monde naturel, le culte d'un ou plusieurs êtres surnaturels et l'utilisation de la magie. C'est une religion et un mode de vie qui mettent fortement l'accent sur les rythmes cycliques du monde naturel et sur l'interconnexion de tous les êtres vivants.

L'adoration de la Déesse et du Dieu, qui sont fréquemment décrits comme la Déesse de la Lune et le Dieu Cornu, est au cœur de la Wicca. Les wiccans honorent ces divinités de diverses manières et sous différents noms car elles sont considérées comme des représentations des éléments masculins et féminins de la divinité. Le profond respect pour le rôle de ces divinités dans le mouvement cosmique de création et de destruction est la base de leur vénération plutôt que de leur peur ou de leur soumission.

Ce qui distingue la Wicca de nombreuses autres traditions spirituelles est son implication dans la magie. Dans le contexte de la Wicca, la magie ne se trouve pas dans les contes de fées ou dans les films à succès. C'est la capacité d'utiliser ses propres énergies, intentions et volontés inhérentes pour transformer à la fois sa propre vie et l'environnement dans lequel il vit. Les Wiccans soutiennent que la magie peut être utilisée pour la guérison, la protection, le développement personnel et l'atteinte d'objectifs et qu'elle agit conformément aux lois de la nature. Les wiccans emploient fréquemment des sorts et des rituels pour concentrer et canaliser l'énergie magique.

La Wicca entretient une relation profonde et fondamentale avec les cycles naturels. La Roue de l'Année, à laquelle adhèrent les Wiccans, comprend huit Sabbats ou festivals qui correspondent aux cycles célestes et agricoles et aux différentes saisons. Samhain, Yule, Imbolc, Ostara, Beltane, Litha, Lammas et Manon font partie de ces festivals. Chaque sabbat est l'occasion pour les wiccans de se réunir, en tant que clans ou praticiens solitaires, pour rendre grâce, honorer le monde naturel et accomplir des rituels correspondant aux thèmes saisonniers.

Le tracé des cercles est l'une des caractéristiques qui distinguent la Wicca. Le cercle agit comme une frontière entre les mondes matériel et spirituel, une zone sacrée et une sauvegarde. Les wiccans élèvent leur énergie, accomplissent des rituels et communiquent avec le divin à l'intérieur du cercle. Les quatre éléments – la terre, l'air, le feu et l'eau – sont fréquemment mentionnés et symbolisés par le cercle et sont considérés comme des éléments cruciaux de la spiritualité et de la magie wiccanes.

La Wicca est une tradition extrêmement éclectique et variée qui comprend de nombreuses voies, systèmes de croyance et confessions différents. Gerald Gardner a fondé la Wicca Gardnerienne au milieu du 20e siècle et elle est souvent considérée comme le précurseur de nombreuses autres pratiques wiccanes. Parmi les nombreuses branches qui se sont développées au fil du temps figurent la Wicca éclectique ou solitaire, la Wicca dianique et la Wicca alexandrine. Bien que toutes ces traditions adhèrent aux mêmes enseignements wiccans de base, elles peuvent chacune avoir des rituels, des pratiques et des croyances uniques.

Le Wiccan Rede, l'une des principales lignes directrices éthiques de la Wicca, résumé « Harm None ». Il exhorte les Wiccans à utiliser la magie et le pouvoir de manière judicieuse et à réfléchir aux effets de leurs choix. La loi triple, selon laquelle chaque énergie ou objectif, bon ou mauvais, qu'une personne envoie dans le monde lui reviendra triple, est une autre croyance partagée par de nombreux wiccans.

La Wicca est devenue de plus en plus populaire, mais malgré cela, elle reste souvent mal interprétée et la cible de préjugés. Ce n'est pas une religion adoratrice du diable, ni une religion du mal ou des ténèbres. D'un autre côté, la Wicca célèbre la nature, la vie et les mystères de l'univers. Les wiccans respectent la liberté individuelle et les choix concernant les questions spirituelles ; ils ne visent pas à convertir ou à imposer leurs idées aux autres.

Ces dernières années, la Wicca a été reconnue et acceptée comme une voie spirituelle valable. De nombreux wiccans sont sortis du « placard à balais », pour ainsi dire, et commencent à communiquer leurs rituels et leurs idées au grand public. Les livres, les sites Web et les médias sociaux ont grandement contribué à l'éducation du public sur la Wicca et à dissiper les mythes.

La Wicca offre un foyer spirituel où les gens peuvent explorer leur relation avec la nature, le divin et leur propre force intérieure, pour ceux qui y sont attirés. Il offre un cadre de rituels, de magie et de renforcement des relations avec le monde naturel qui favorise le développement humain, la découverte de soi et l'autonomisation. La Wicca encourage les gens à accepter leur voyage spirituel particulier et à se joindre à la célébration des merveilles et de la beauté de la terre dans son ensemble.

En conclusion, la Wicca est une sorcellerie moderne et une tradition païenne qui respecte le divin sous ses formes féminines et masculines, pratique la magie et observe les cycles du monde naturel. Il valorise également la nature. Il s'agit d'un chemin éclectique et varié qui favorise le comportement moral, le développement personnel et l'application prudente des capacités magiques. La Wicca encourage les gens à établir des liens sacrés, à explorer leur potentiel intérieur et à trouver l'harmonie dans l'univers et en eux-mêmes. Que vous soyez un pratiquant engagé ou un observateur intéressé, la Wicca propose un voyage vibrant et passionnant au cœur de la spiritualité et de la magie.

## Une brève histoire de la Wicca

La Wicca, une tradition païenne et de sorcellerie moderne, a émergé au milieu du XXe siècle en tant que mouvement spirituel visant à faire revivre et reconstruire les pratiques et les croyances des anciennes cultures païennes. Bien que ses racines remontent à l'Antiquité, la forme organisée et reconnue de Wicca que nous connaissons aujourd'hui doit une grande partie de son développement à des personnalités clés du XXe siècle, telles que Gerald Gardner et Doreen Valiente. Cette section plonge dans l'histoire de la Wicca, retraçant ses origines, sa croissance et son évolution vers une religion païenne contemporaine dynamique et diversifiée.

Les racines de la Wicca remontent aux traditions païennes pré chrétiennes de l'Europe. De nombreuses pratiques, croyances et rituels de la Wicca proviennent des religions indigènes de l'Europe ancienne. Ces traditions vénéraient la nature, honoraient diverses divinités et célébraient les cycles des saisons. Des éléments tels que le culte de la Déesse et du Dieu Cornu, l'utilisation d'herbes et de magie et l'observation de festivals saisonniers faisaient tous partie intégrante de ces anciens systèmes de croyance.

L'un des aspects les plus influents de ces traditions païennes était l'adoration du divin sous ses formes masculine et féminine. La Déesse, souvent associée à la lune, à la fertilité et à la terre, représentait l'aspect féminin de la divinité. Le Dieu Cornu, symbolisant le masculin, incarnait les forces sauvages et indomptées de la nature. Ces divinités étaient considérées comme complémentaires et travaillaient ensemble dans une danse cosmique de création et de destruction.

Le mouvement Wiccan contemporain remonte au milieu du XXe siècle en Angleterre, où il a émergé comme une voie spirituelle cohérente. Le personnage clé des premiers développements de la Wicca était Gerald Gardner, un fonctionnaire britannique à la retraite profondément intéressé par l'occulte. Dans les années 1950, Gardner a publié un livre intitulé Witchcraft Today, qui présentait au monde ce qu'il appelait « la sorcellerie » ou « la Wicca ».

Gardner a affirmé avoir été initié dans un clan de sorcellerie survivant en Angleterre, et il a présenté la Wicca comme une continuation d'anciennes pratiques païennes. Il a introduit de nombreux éléments qui deviendront centraux dans la tradition Wiccan, comme l'utilisation d'un Livre des Ombres (un grimoire personnel), le concept de covens (petits groupes de praticiens) et un système d'initiation structuré.

Cependant, la version de Gardner de la Wicca n'était la continuation directe d'aucune tradition historique. Il s'agissait plutôt d'une synthèse moderne de divers éléments occultes et païens, fortement influencée par la magie cérémonielle de l'époque. La Wicca gardnerienne, comme on l'a connue, mettait l'accent sur le secret et les rites initiatiques, dans le but de préserver l'intégrité de la tradition.

Doreen Valiente, souvent appelée la « Mère de la sorcellerie moderne », a joué un rôle important dans l'élaboration de la Wicca aux côtés de Gérald Gardner. Valiente était une grande prêtresse du clan de Gardner et a apporté des contributions essentielles à la tradition, notamment en écrivant et en adaptant nombre de ses rituels et invocations.

L'influence de Valiente s'étendait au-delà de sa collaboration avec Gardner. Dans les années 1950 et 1960, elle a contribué à réviser et à élargir les rituels et la liturgie wiccan, en leur insufflant une qualité poétique et festive qui a trouvé un écho auprès de nombreux praticiens. Son travail a contribué au développement d'une forme de Wicca plus accessible et plus émotionnellement résonante qui a séduit un public plus large.

Dans les années 1960, des tensions sont apparues entre Gardner et Valiente à propos du degré de secret entourant les pratiques wiccanes. Valiente pensait que la tradition devrait être plus ouverte et inclusive, ce qui a conduit à son éventuel départ de la Wicca Gardnerienne. Après avoir quitté le clan de Gardner, Valiente a continué à écrire et à promouvoir la Wicca, jouant un rôle central dans sa diffusion et son développement.

À mesure que la Wicca gagnait en popularité, elle commença à se diversifier dans diverses traditions et confessions. De nouveaux groupes et individus ont émergé, chacun ajoutant ses propres interprétations et pratiques à la tradition en évolution. Certaines d'entre elles incluent Alexandrian Wicca, fondée par Alex Sanders et Maxine Sanders, et Dianic Wicca, qui se concentre sur le culte de la Déesse et est souvent centrée sur les femmes.

La Wicca éclectique et solitaire a également gagné en importance, permettant aux individus d'adapter et de personnaliser leur pratique en fonction de leurs croyances et préférences. Cette inclusivité a contribué à l'attrait généralisé de la Wicca et lui a permis d'accueillir un large éventail de chercheurs spirituels.

La Wicca a traversé l'Atlantique jusqu'aux États-Unis dans les années 1960 et 1970, où elle a trouvé un public réceptif parmi les mouvements contre-culturels de l'époque. Les wiccans américains, souvent appelés « sorcières », ont joué un rôle important dans la vulgarisation et la modernisation de la tradition. Des livres tels que Witchcraft Today de Raymond Buckland et Wicca : A Guide for the Solitary Practitioner de Scott Cunningham ont contribué à présenter la Wicca à un public américain plus large.

Aux États-Unis, la Wicca a évolué davantage en assimilant des éléments de la magie populaire américaine, de la spiritualité indigène et d'autres traditions occultes. Les praticiens américains de la Wiccan ont également contribué au développement d'une approche plus démocratique et non hiérarchique des conventions et de l'initiation, mettant l'accent sur l'autonomie individuelle et l'expérience personnelle.

Aujourd'hui, la Wicca continue de prospérer en tant que mouvement spirituel diversifié et dynamique. Il s'est étendu au-delà de ses origines anglaises pour devenir un phénomène mondial, avec des praticiens dans les pays du monde entier. L'avènement d'Internet a facilité l'échange d'idées et de ressources, reliant les Wiccans d'horizons et de traditions diverses.

Ces dernières années, l'accent a été mis de plus en plus sur l'inclusion et la diversité au sein de la communauté Wiccan. De nombreux praticiens travaillent activement pour rendre la tradition plus accueillante pour les individus de genres, d'orientations sexuelles et d'origines culturelles différents. Cette évolution reflète la nature évolutive et adaptable de la Wicca, qui continue de trouver un écho auprès des nouvelles générations de chercheurs.

En conclusion, le parcours de la Wicca, depuis ses racines dans les anciennes traditions païennes jusqu'à son émergence en tant que mouvement spirituel moderne et diversifié, témoigne de sa capacité d'adaptation et de sa résilience. Même si elle a conservé certains éléments fondamentaux, tels que la vénération de la nature, le culte de la Déesse et du Dieu et la pratique de la magie, la Wicca a également évolué pour refléter l'évolution des besoins et des perspectives de ses pratiquants.

Aujourd'hui, la Wicca est une tradition dynamique et évolutive qui invite les individus à explorer leur spiritualité, à se connecter avec le monde naturel et à exploiter leur pouvoir intérieur. Son histoire, marquée par les contributions de personnalités visionnaires comme Gerald Gardner et Doreen Valiente, est une histoire de renouveau, d'innovation et de quête continue d'authenticité spirituelle dans un monde en évolution rapide. À mesure que la Wicca continue de croître et de s'adapter, elle reste une source d'inspiration et d'autonomisation pour ceux qui recherchent un chemin spirituel enraciné dans la nature, la magie et les mystères de l'univers.

## Croyances et principes wiccans

La Wicca est une forme contemporaine de sorcellerie et de paganisme qui se distingue par un ensemble de principes et de croyances guidant ses pratiques cérémonielles et spirituelles. Bien que la Wicca n'ait pas de doctrine officiellement reconnue et que les points de vue divergent parmi les praticiens et les lignées, des idées fondamentales et des thèmes communs rassemblent ce mouvement varié et éclectique. Cette section examine les idées et convictions fondamentales de la Wicca, mettant en lumière son respect pour le monde naturel, ses divinités, la Roue de l'année, la magie, l'éthique et l'accent mis sur l'expérience individuelle et la responsabilité.

Un profond respect de la nature est au cœur de la Wicca. Les wiccans considèrent le monde naturel comme sacré et pensent que tous les êtres vivants sont liés. Le Wiccan Rede, un code éthique fondamental qui exhorte les praticiens à « ne faire de mal à personne » et à vivre en paix avec la terre et ses créatures, reflète cette notion. Il existe de nombreuses façons d'honorer l'environnement, depuis les rites en plein air jusqu'à la reconnaissance par la spiritualité wiccan des éléments (terre, air, feu et eau) comme éléments essentiels de la création.

La Wicca synchronise ses célébrations et ses rituels avec le monde naturel, célébrant les saisons et les phases de la lune. Les huit sabbats ou festivals qui composent la Roue de l'Année symbolisent les changements saisonniers dans l'agriculture et l'astronomie. Les wiccans utilisent des festivals comme Samhain, Beltane et Lammas pour se connecter aux rythmes de la terre et montrer leur gratitude pour la générosité et la beauté du monde naturel.

Les wiccans vénèrent généralement de nombreuses divinités, mais leurs principales dévotions sont la Déesse et le Dieu Cornu. La déesse est fréquemment liée à la lune, à la fertilité et à la terre. Elle symbolise le côté féminin de la divinité. Elle est considérée comme l'exemple vivant des cycles de vie, de mort et de renaissance. En revanche, le Dieu Cornu, fréquemment associé au soleil, à la nature et à la chasse, représente le divin masculin. Ensemble, ces divinités incarnent la dualité et l'harmonie présentes dans la nature, formant un partenariat cosmique harmonieux et bien équilibré.

En fonction de la tradition ou des liens personnels, les Wiccans peuvent également respecter d'autres dieux et déesses de différentes mythologies et les inclure dans leurs rituels. Le choix d'une divinité est une décision très personnelle, et les wiccans s'engagent fréquemment avec ceux dont les traits et les attributs correspondent à leurs buts et objectifs spirituels. En raison de cette flexibilité, la communauté Wiccan possède un large éventail de croyances et de pratiques.

La Wicca inclut beaucoup de magie et elle est considérée comme un art naturel et sacré. Les wiccans croient qu'ils peuvent apporter des changements positifs dans leur vie et dans le monde qui les entoure grâce à des rituels, une intention ciblée et une manipulation énergétique. La magie wiccan est une activité délibérée et disciplinée qui utilise les forces naturelles ; ce n'est pas une affaire de mythologie ou de superstition.

Dans le Wiccan, la magie, les sorts et les rituels sont souvent des instruments utilisés. Les sorts sont des incantations et des actions méticuleusement construites destinées à atteindre un objectif spécifique, tel que l'abondance, la protection, la guérison ou l'amour. À l'inverse, les rituels offrent une structure organisée pour manipuler l'énergie magique. Les rituels wiccans incluent la création de cercles, l'appel aux éléments et la conversation avec des divinités pour créer un environnement sacré et sûr dans lequel la magie peut se produire.

La magie Wiccan implique également l'utilisation du timing et du symbolisme. Les lanceurs de sorts utilisent fréquemment les phases de la lune et les saisons à leur avantage, leur permettant d'accéder au flux et au reflux des énergies naturelles. La magie wiccan met fortement l'accent sur le libre arbitre individuel et sur la notion selon laquelle les gens peuvent contrôler leur propre destin par leurs choix et leurs actes.

Le Wiccan Rede est un principe fondamental de la Wicca qui dit : « Si cela ne fait de mal à personne, faites ce que vous voulez ». Il s'agit d'une déclaration brève mais significative. Ce principe encourage les wiccans à vivre de manière à minimiser les dommages causés aux autres et à l'environnement naturel, et à réfléchir attentivement aux conséquences de leurs actes. Malgré son apparente simplicité, le Rend peut être appliqué de manière sophistiquée, exigeant des praticiens qu'ils réfléchissent soigneusement à leurs options et à leurs objectifs.

La loi triple, selon laquelle toute énergie ou objectif qu'une personne envoie dans le monde, qu'il soit positif ou négatif, lui revient triple, est une autre idée éthique à laquelle croient de nombreux wiccans.

Ce concept met l'accent sur la valeur du comportement moral et la responsabilité qui accompagne l'utilisation des capacités magiques.

Les wiccans insistent également fortement sur la responsabilité personnelle de leurs pratiques magiques et spirituelles. Ils estiment que chaque personne est libre de choisir ses propres idées et comportements, guidée par sa propre orientation intérieure et son intuition. Une caractéristique déterminante de la spiritualité Wiccan est l'accent mis sur l'expérience individuelle et la responsabilité, ce qui incite les pratiquants à tracer leur propre véritable chemin.

La communauté Wiccan a de plus en plus mis l'accent sur la diversité et l'inclusion ces dernières années. Il existe un mouvement croissant parmi les Wiccans pour ouvrir la tradition aux personnes de toutes identités de genre, orientations sexuelles et origines culturelles. Les principes de respect, d'acceptation et de tolérance qui sont au cœur de la pensée wiccan se reflètent dans cette croissance.

Bien que la Wicca trouve son origine dans le paganisme occidental, ses adeptes viennent de nombreux autres horizons et cultures, ce qui en fait un phénomène mondial. L'adaptabilité et la flexibilité de la Wicca lui ont permis d'inclure des aspects de nombreuses traditions spirituelles, l'ouvrant ainsi à un large éventail de praticiens.

En conclusion, la Wicca propose un chemin spirituel dynamique et inclusif aux personnes recherchant un lien avec le sacré et un sentiment d'autonomisation dans leur vie. Cela est dû à son profond respect pour la nature, le culte des divinités, les rituels magiques et les croyances éthiques. Ses principes et croyances sont une synthèse harmonieuse de la spiritualité contemporaine avec des connaissances séculaires, permettant aux gens de découvrir leur propre chemin spirituel, de grandir spirituellement et de bénéficier au monde. La Wicca est toujours une tradition dynamique et vivante qui honore les merveilles et la beauté de l'univers à mesure qu'il se développe et change pour répondre aux besoins de ses pratiquants.

## Différentes traditions wiccanes

La Wicca, une tradition païenne et de sorcellerie moderne, est une voie spirituelle diversifiée et éclectique englobant de nombreuses croyances, pratiques et traditions. Bien que les principes fondamentaux unissent tous les wiccans, les rituels, divinités et techniques magiques spécifiques peuvent varier considérablement d'une tradition à l'autre. Cette section explorera certaines des différentes traditions Wiccan, leurs caractéristiques uniques et leurs contributions à la communauté Wiccan au sens large.

La Wicca Gardnerienne, souvent considérée comme la première tradition wiccan organisée, a été fondée par Gerald Gardner en Angleterre au milieu du 20e siècle. Gardner a affirmé avoir été initié dans un clan de sorcellerie survivant et avoir cherché à préserver et à promouvoir ce qu'il croyait être d'anciennes pratiques païennes. La Wicca Gardnerienne met fortement l'accent sur la lignée initiatique, le secret et les pratiques rituelles structurées.

Les principales caractéristiques de la Wicca Gardnerienne comprennent l'utilisation d'un Livre des Ombres (un grimoire personnel), la vénération de la Déesse et du Dieu Cornu, ainsi qu'un système de degrés et d'initiation. Les Covens, composés de membres masculins et féminins, sont dirigés par une grande prêtresse et un grand prêtre qui supervise le développement spirituel et les rituels du groupe. La tradition met l'accent sur le fonctionnement de la magie et la célébration de la Roue de l'Année, avec huit Sabbats marquant les changements saisonniers.

Bien que la Wicca Gardnerienne ait servi de tradition fondamentale au mouvement Wiccan moderne, elle a également été critiquée pour son caractère secret et sa structure hiérarchique, que certains praticiens considèrent comme restrictive.

La Wicca alexandrine, fondée par Alex Sanders et son épouse Maxine Sanders dans les années 1960, est étroitement liée à la Wicca gardnerienne et partage de nombreuses similitudes avec elle. La tradition porte le nom du prénom d'Alexandre, incorporant des éléments de magie cérémonielle et de Kabbale, ajoutant une dimension plus éclectique et mystique aux pratiques wiccanes.

Comme la Wicca Gardnerienne, la Wicca Alexandrine met l'accent sur l'initiation, la structure du coven et l'adhésion à un Livre des Ombres. Cependant, elle est souvent considérée comme plus ouverte à l'innovation et à l'adaptation. Les clans alexandrins peuvent travailler avec un plus large éventail de divinités, et la tradition est connue pour ses rituels plus élaborés et complexes.

Les Sanders ont joué un rôle important dans la vulgarisation de la Wicca au Royaume-Uni et au-delà. L'accent mis sur la sensibilisation du public et une approche plus inclusive de la formation ont contribué à faire connaître la Wicca au public et à attirer de nouvelles générations de praticiens.

Dianic Wicca est une tradition féministe et souvent centrée sur les femmes qui se concentre principalement sur le culte de la Déesse. Bien qu'elle partage certains éléments avec d'autres traditions Wiccan, la Dianic Wicca possède des caractéristiques distinctes qui la distinguent. La tradition porte le nom de Diane, la déesse romaine de la lune et de la chasse, bien que les pratiquants puissent également travailler avec d'autres déesses.

Dans Dianic Wicca, la Déesse est considérée comme la source de toute vie et de tout pouvoir, et l'accent est fortement mis sur la spiritualité et l'autonomisation des femmes. Certains clans dianiques sont exclusivement réservés aux femmes, tandis que d'autres sont ouverts à tous les sexes. Les rituels célèbrent souvent les phases de la lune, les mystères féminins et les cycles de la vie.

Zsuzsanna Budapest, figure éminente du mouvement de spiritualité féministe, a fondé l'une des premières traditions dianiques wiccanes dans les années 1970. Son travail, ainsi que celui d'autres praticiens Dianic Wiccan, a contribué à l'exploration de la spiritualité des femmes et à la récupération du féminin divin dans le contexte Wiccan.

La Wicca éclectique et la Wicca solitaire ne sont pas des traditions spécifiques mais décrivent des approches individualisées de la pratique wiccan. De nombreux wiccans se considèrent éclectiques, s'inspirant de diverses sources, traditions et systèmes de croyance pour créer un chemin spirituel personnalisé. Les wiccans éclectiques peuvent mélanger des éléments des traditions gardnérienne, alexandrine, dianique et autres, en adaptant les pratiques en fonction de leurs besoins et préférences.

La Wicca solitaire, comme son nom l'indique, consiste à pratiquer la Wicca seul, sans faire partie d'un clan ou d'une tradition spécifique. Les pratiquants solitaires créent souvent leurs propres rituels, travaillent sous la direction de livres et s'appuient sur leur intuition et leur connexion personnelle avec le divin. Cette approche offre un haut degré d'autonomie et de flexibilité.

La flexibilité d'expérimenter et d'explorer la spiritualité est appréciée par les wiccans éclectiques et solitaires, ouvrant la Wicca à un spectre diversifié de personnes qui pourraient ne pas rentrer dans la structure rigide des conventions typiques.

Au-delà des traditions bien connues mentionnées ci-dessus, il existe de nombreuses autres traditions wiccanes, chacune avec ses propres caractéristiques et pratiques. Certaines traditions sont enracinées dans un lieu ou une culture particulière, et d'autres sont le produit de praticiens wiccans modernes qui établissent leurs propres systèmes de croyance et de pratique.

Un exemple notable est Seax-Wicca, fondée par Raymond Buckland dans les années 1970. Seax-Wicca est influencée par la mythologie saxonne et nordique et incorpore des éléments de la Wicca traditionnelle britannique. Buckland a cherché à créer une forme de Wicca plus accessible et simplifiée, permettant aux individus de pratiquer plus facilement de manière indépendante ou en petits groupes.

Une autre tradition, le Nouvel Ordre orthodoxe réformé de la Golden Dawn (NORD), a émergé en Californie dans les années 1960. Bien qu'il s'inspire de l'Ordre Hermétique de l'Aube Dorée et de la Wicca Gardnerienne, NROOG intègre des éléments du Druidisme, de la tradition magique occidentale et de la créativité rituelle libre.

La tradition celtique wiccan se concentre sur la mythologie celtique et les divinités, mêlant la spiritualité celtique aux pratiques wiccanes. Cette tradition s'associe souvent aux fêtes celtiques, telles que Samhain et Beltane, et met l'accent sur le lien avec la terre et les esprits de la nature.

Ces dernières années, l'accent a également été mis de plus en plus sur les traditions wiccan inclusives LGBTQ+, reconnaissant l'importance de la diversité et de l'inclusion au sein de la communauté. Ces traditions cherchent à établir des environnements conviviaux et sûrs permettant aux personnes d'explorer leur spiritualité, quelle que soit leur identité de genre ou leur orientation sexuelle.

En conclusion, la diversité des traditions de la Wicca reflète sa capacité d'adaptation et l'évolution des besoins de ses praticiens. Chaque tradition offre une perspective unique sur la spiritualité, les rituels et les croyances wiccans, répondant aux préférences individuelles et aux voyages spirituels de ses membres. La riche tapisserie des traditions Wiccan permet aux individus d'explorer et de trouver un chemin qui résonne avec leurs propres croyances, valeurs et aspirations spirituelles, contribuant ainsi à la nature vibrante et dynamique de la communauté Wiccan. Qu'elle soit enracinée dans la tradition ou qu'elle trace de nouvelles voies, la Wicca continue de croître et d'évoluer, embrassant la diversité et la complexité du monde moderne.

# CHAPITRE
## II
## Les bases de la magie Wiccan

## La nature de la magie dans la Wicca

La Wicca est une tradition païenne et de sorcellerie contemporaine qui met l'accent sur l'interconnexion de tous les êtres vivants et du monde naturel. La magie est une partie essentielle et distinctive de la Wicca. Dans la vision wiccan du monde, la magie n'est pas l'objet de contes de fées ou de phénomènes surnaturels ; c'est un art naturel et sacré qui permet aux praticiens d'exploiter les énergies de l'univers pour apporter des changements positifs dans leur vie et dans le monde qui les entoure. Pour comprendre la nature de la magie dans la Wicca, il faut explorer ses principes, son rôle dans les rituels et les sorts, ainsi que les considérations éthiques qui guident sa pratique.

La magie wiccan repose sur un ensemble de principes qui constituent le fondement de sa pratique. L'une des croyances fondamentales de la Wicca est l'immanence, selon laquelle le divin est présent et inhérent à tous les aspects de la création. Cette immanence inclut le monde naturel, les éléments et le praticien individuel. Les wiccans croient qu'en se connectant à cette présence divine, ils peuvent puiser dans une source d'énergie et de conscience qui traverse toutes choses.

L'intention est un autre principe essentiel de la magie Wiccan. L'intention est la force motrice de tout fonctionnement magique. Le désir ou la volonté concentré et délibéré façonne le résultat d'un sort ou d'un rituel. Les wiccans soulignent l'importance d'une intention claire et positive en magie, car on pense que l'énergie générée par l'intention guide le processus magique.

Le principe de correspondance est également au cœur de la magie wiccan. Les correspondances sont les relations symboliques entre différents éléments, couleurs, herbes, cristaux et autres objets et leurs associations avec des énergies ou des intentions spécifiques. Par exemple, le vert peut être associé à l'abondance et à la croissance, tandis que le feu est lié à la transformation et à la passion. Comprendre ces correspondances permet aux wiccans d'améliorer l'efficacité de leur fonctionnement magique en sélectionnant des outils et des symboles qui correspondent à leurs intentions.

Les rituels sont essentiels à la pratique wiccan, fournissant un cadre structuré pour pratiquer la magie. La formation d'un cercle est une caractéristique courante dans les rituels wiccans et sert à plusieurs fins. Avant tout, il crée un espace sacré et protégé, séparé du monde ordinaire, permettant aux pratiquants de communier avec le divin et de travailler sans être dérangés. Le cercle sert également de représentation symbolique de l'unité de toutes choses et du flux continu d'énergie.

Au sein du cercle, divers rituels et sortilèges ont lieu. Les rituels de la Wicca impliquent souvent d'invoquer les éléments, de faire appel à des divinités et de célébrer les cycles des saisons. Ces rituels créent une conscience accrue et une harmonie avec les énergies avec lesquelles vous travaillez, facilitant ainsi le flux de la magie.

Le travail des sorts est une forme spécifique de magie pratiquée dans la Wicca. Les sorts sont des incantations, des actions ou des rituels conçus pour manifester une intention particulière. Ils peuvent prendre diverses formes, comme la magie des bougies, la magie des herbes ou des exercices de visualisation. On pense que l'efficacité d'un sort est influencée par des facteurs tels que le timing (par exemple, les phases lunaires), les correspondances (par exemple, l'utilisation d'herbes associées à une intention spécifique), ainsi que l'intention et la concentration du praticien.

Les wiccans peuvent exécuter des sorts à diverses fins, notamment la guérison, la protection, l'amour, la prospérité et la croissance personnelle. Lancer un sort est un processus sacré et intentionnel, souvent accompagné d'invocations, de gestes et d'actes symboliques qui correspondent au résultat souhaité.

Les considérations éthiques jouent un rôle important dans la magie wiccan, reflétant l'accent mis par la tradition sur la responsabilité et le principe de « ne faire de mal à personne ». Le Wiccan Rede, une ligne directrice éthique critique, conseille aux praticiens d'agir de manière à éviter de se faire du mal ou de nuire à autrui. Même si ces lignes directrices peuvent paraître simples, leur application peut être complexe et nuancée.

Les wiccans croient au concept de la loi triple, qui suggère que toute énergie ou intention que l'on envoie dans le monde, qu'elle soit positive ou négative, leur reviendra triplement. Cette conviction souligne l'importance d'une conduite éthique et la nécessité pour les praticiens d'examiner attentivement les conséquences de leurs actes.

Les wiccans sont encouragés à prendre en compte l'impact potentiel sur les autres et sur le monde naturel lorsqu'ils créent et lancent des sorts. Cela inclut des considérations éthiques liées au consentement (par exemple, lancer des sorts d'amour qui respectent le libre arbitre des autres), à la responsabilité écologique (par exemple, utiliser des ingrédients durables et d'origine éthique) et à l'utilisation de la magie à des fins personnelles plutôt que pour le bien commun.

De nombreux wiccans abordent l'éthique avec un sens d'équilibre, reconnaissant que parfois la magie est utilisée à des fins défensives ou protectrices lorsqu'un danger peut être menacé. Dans de tels cas, les considérations éthiques impliquent une évaluation minutieuse de la situation et un engagement à minimiser les dommages tout en se protégeant ou en protégeant les autres.

La magie Wiccan est une source d'autonomisation pour les pratiquants, car elle leur permet de participer activement à façonner leur destin et à apporter des changements positifs dans leur vie. Il met l'accent sur l'action personnelle, la découverte de soi et la culture de la force intérieure. Grâce à la magie, les Wiccans se connectent à leurs propres capacités innées et s'alignent sur les forces de l'univers pour manifester leurs intentions.

Un lien fort avec le monde naturel et les cycles de l'univers est également favorisé par la pratique de la magie. Les wiccans éprouvent souvent un sentiment de crainte et d'émerveillement lorsqu'ils sont témoins des résultats de leurs opérations magiques et observent les synchronicités qui se déroulent dans leur vie. Cette connexion au réseau plus étendu de l'existence renforce la croyance wiccane en l'interdépendance de toutes choses.

De plus, la magie Wiccan encourage l'introspection et la croissance personnelle. Il invite les praticiens à explorer leurs désirs, leurs peurs et leurs motivations, conduisant ainsi à une plus grande conscience de soi et à une plus grande autonomisation. La magie devient un outil de transformation, permettant aux individus de surmonter les obstacles, de guérir des blessures passées et de correspondre à leur véritable objectif.

En conclusion, la magie Wiccan est une pratique dynamique et multiforme qui incarne l'interconnexion de tous les êtres vivants et du monde naturel. Fondé sur les principes d'immanence, d'intention et de correspondance, il fait partie intégrante des rituels et des sorts wiccans. Des considérations éthiques, guidées par le Wiccan Rede et la triple loi, façonnent la pratique de la magie de manière à donner la priorité à la réduction des méfaits et à l'utilisation responsable du pouvoir.

La magie Wiccan permet aux pratiquants de s'engager activement dans l'univers, de façonner leur propre destin et d'apporter des changements positifs dans leur vie. Il favorise un lien profond avec le sacré et un sentiment de crainte et d'émerveillement face aux mystères de l'existence. En tant qu'outil de découverte de soi, de transformation et de croissance personnelle, la magie Wiccan reste un aspect central et précieux du chemin spirituel Wiccan.

## Le rôle de l'intention et de l'énergie

L'intention et l'énergie sont deux concepts fondamentaux et entrelacés dans la Wicca, une tradition païenne et de sorcellerie moderne qui met fortement l'accent sur la magie, les rituels et la pratique spirituelle. La compréhension et l'exploitation de ces éléments sont essentielles pour les wiccans alors qu'ils s'efforcent de créer un changement dans leur vie et dans le monde qui les entoure. Dans cette section, nous explorerons les rôles centraux que jouent l'intention et l'énergie dans la pratique wiccan, comment ils sont étroitement liés et comment ils façonnent les expériences magiques et spirituelles des pratiquants.

L'intention, souvent appelée volonté ou désir concentré, est la force motrice de tous les fonctionnements magiques de la Wicca. C'est la détermination délibérée et consciente de ce qu'un pratiquant veut réaliser grâce à ses efforts magiques. L'intention sert de catalyseur qui met en mouvement le processus magique et dirige le flux d'énergie vers un objectif spécifique.

Dans la Wicca, l'intention est considérée comme une force puissante et transformatrice. Lorsqu'un praticien formule une intention claire et ciblée, il programme essentiellement sa conscience et les énergies avec lesquelles il travaille pour s'aligner sur un résultat particulier. L'intention façonne les pensées, les émotions et les énergies du praticien et influence la manière dont il interagit avec les domaines naturel et spirituel.

Les wiccans soulignent souvent l'importance de maintenir une intention positive et éthique dans leur travail magique. Le Wiccan Rede, une ligne directrice éthique clé, conseille aux praticiens de « ne faire de mal à personne » et les encourage à agir d'une manière qui est en harmonie avec leur bien-être et celui des autres. Cet engagement envers une intention positive souligne la conviction que la magie devrait être une force de bien et d'autonomisation, plutôt que de manipulation ou de mal.

L'énergie, souvent appelée mana, prana ou force vitale, est le pouvoir animant et invisible qui imprègne l'univers. L'énergie vitale circule à travers tous les êtres vivants, les reliant les uns aux autres et au monde naturel. Dans la Wicca, l'énergie est le moyen par lequel l'intention s'exprime et se manifeste. C'est la substance qui répond à la volonté ciblée du praticien.

Les wiccans croient que tout dans l'univers est composé d'énergie qui peut être manipulée et dirigée par des pratiques magiques. Le pratiquant s'appuie sur sa propre énergie, ainsi que sur l'énergie de la terre, des éléments et du cosmos, pour faire de la magie. Cette énergie est souvent visualisée comme une force vibrante et rayonnante qui peut être façonnée et dirigée selon l'intention du praticien.

Les éléments – la terre, l'air, le feu et l'eau – sont considérés comme des sources d'énergie magique dans la Wicca, chacun possédant ses propres qualités et correspondances. Par exemple, le feu est lié à la transformation et à la passion, tandis que la terre est liée à la stabilité et à l'ancrage. Les wiccans peuvent invoquer ces éléments dans leurs rituels pour puiser dans leurs énergies respectives et améliorer l'efficacité de leur travail magique.

La relation entre l'intention et l'énergie dans la Wicca est symbiotique et dynamique. L'intention fournit la direction et le but, tandis que l'énergie fournit la puissance nécessaire pour concrétiser cette intention. Lorsqu'un praticien formule une intention claire et ciblée, elle agit comme un phare qui attire et façonne les énergies nécessaires pour manifester le résultat souhaité.

La visualisation est une technique courante utilisée dans la magie Wiccan pour aligner l'intention et l'énergie. Les praticiens créent souvent des images mentales ou des symboles représentant leur intention, insufflant à ces visualisations des émotions et une concentration forte. Comme l'intention est imaginée avec vivacité, elle sert d'aimant, attirant l'énergie nécessaire pour faire de la visualisation une réalité.

Le tracé d'un cercle est un autre aspect intégral de la magie Wiccan qui illustre l'interaction entre l'intention et l'énergie. Lorsque les pratiquants forment un cercle, ils créent un espace sacré et protégé dans lequel exercer la magie. Cet acte implique une intention (le désir de créer un espace sacré et sûr) et une énergie (élever une barrière psychique). Le cercle lui-même est imprégné de l'intention de séparation du monde ordinaire et de connexion aux royaumes spirituels, et son énergie sert à créer une frontière entre les deux.

En orthographe, les praticiens peuvent utiliser des correspondances spécifiques, telles que des couleurs, des herbes ou des cristaux, associées à leur intention. Ces correspondances sont choisies en fonction de leur résonance énergétique avec le résultat souhaité. Par exemple, un praticien exécutant un sort d'amour peut utiliser du quartz rose (un cristal associé à l'amour) et des bougies rouges (correspondances de couleurs pour la passion) pour amplifier les vibrations énergétiques de son intention.

Bien que l'intention et l'énergie soient des outils puissants dans la pratique wiccan, elles ont également une responsabilité importante. Les wiccans croient au principe de la loi triple, qui suggère que toute énergie ou intention que l'on envoie dans le monde, qu'elle soit positive ou négative, leur reviendra triplement. Cette croyance souligne la nécessité d'une conduite éthique et responsable dans tous les travaux magiques.

Les praticiens sont encouragés à considérer attentivement les conséquences de leurs actions et à aligner leur intention magique sur leurs principes éthiques. La magie doit être utilisée comme une force de changement positif, de guérison et d'autonomisation, plutôt que comme une force de manipulation, de préjudice ou d'auto glorification. Les Wiccans s'efforcent d'agir selon le Wiccan Rede, en veillant à ce que leur intention reste alignée sur leur bien-être et celui des autres.

En conclusion, l'intention et l'énergie sont les ingrédients alchimiques qui alimentent le pouvoir transformateur de la magie dans la Wicca. L'intention, en tant que désir conscient et concentré, fournit la direction et le but des opérations magiques, tandis que l'énergie, en tant que force vitale de l'univers, fournit l'énergie nécessaire pour manifester ses intentions. Cette interaction dynamique entre l'intention et l'énergie permet aux wiccans de façonner activement leur destin et d'effectuer des changements positifs dans le monde.

L'accent mis par la Wicca sur l'intention positive et la conduite éthique renforce la conviction que la magie devrait être une force bénéfique, guidée par les principes de responsabilité et de réduction des méfaits. À mesure que les praticiens affinent leur compréhension de l'intention et de l'énergie, ils cultivent une connexion plus profonde avec les royaumes naturel et spirituel, conduisant à une plus grande autonomisation, découverte de soi et croissance spirituelle. L'art sacré de la magie Wiccan continue d'inspirer et de transformer la vie de ceux qui adhèrent à ses principes et les pratiquent avec intention et respect.

## Outils du métier : athamés, baguettes et autels

Dans la Wicca, la pratique de la magie et des rituels est enrichie par divers outils qui servent à des fins à la fois pratiques et symboliques. Parmi les outils les plus emblématiques et centraux figurent l'athamé, la baguette et l'autel. Ces instruments jouent un rôle essentiel dans les cérémonies Wiccan, aidant les pratiquants à se connecter avec le divin, à canaliser l'énergie et à créer des espaces sacrés. Dans cette section, nous explorerons la signification et l'utilisation de ces outils, en approfondissant leur symbolisme, leurs racines historiques et leurs applications pratiques dans le contexte de la pratique wiccan.

L'athamé (prononcé « uh-THAH-may ») est un couteau rituel doté d'une lame à double tranchant, souvent avec un manche noir, bien que certains praticiens puissent préférer d'autres matériaux tels que le bois ou l'os. C'est un outil d'un grand symbolisme et d'une grande importance dans la Wicca, représentant l'élément feu, la direction de l'est et le pouvoir de la volonté du pratiquant.

L'athamé n'est pas utilisé pour couper des objets physiques ; au lieu de cela, il est utilisé pour diriger et manipuler l'énergie lors de rituels et d'opérations magiques. Les wiccans concentrent et projettent leur intention en tirant l'athamé dans les airs ou en traçant des symboles avec sa lame. Il est considéré comme un symbole de la volonté du pratiquant et du pouvoir de façonner et de contrôler les forces magiques.

Dans certaines traditions, l'athamé est associé au principe masculin et est souvent utilisé pour invoquer l'élément feu, faisant appel à ses qualités transformatrices et purificatrices. Au cours des rituels, il peut être utilisé pour tracer un cercle, invoquer les quartiers (les quatre directions cardinales) et diriger l'énergie à des fins magiques spécifiques.

L'athamé remplit également une fonction protectrice dans la pratique wiccan. Il est considéré comme un outil de défense spirituelle, utilisé pour éloigner les énergies ou entités négatives. Certains praticiens peuvent visualiser une barrière protectrice ou un cercle de lumière tout en tenant l'athamé pour créer un espace sûr et sacré.

La baguette est un autre outil important de la Wicca, souvent fabriquée en bois et décorée de sculptures symboliques, de pierres précieuses ou de métaux. Contrairement à l'athamé, qui représente la volonté et l'élément feu, la baguette symbolise l'élément air et est associée à la direction de l'est. Il sert de conduit à l'énergie et est utilisé pour diriger, canaliser et manifester les forces magiques.

Les baguettes sont généralement associées au principe féminin de la Wicca, représentant la réceptivité et le pouvoir d'attirer l'énergie. Ils sont souvent utilisés dans des rituels pour invoquer des divinités, bénir des objets et consacrer des espaces sacrés. L'extrémité pointue de la baguette dessine des motifs ou des cercles symboliques dans l'air, dirigeant l'énergie avec précision et intention.

Les baguettes sont des outils polyvalents qui peuvent être utilisés dans diverses formes de magie, telles que la guérison, la divination et la méditation. Ils sont particulièrement adaptés pour diriger l'énergie de manière douce et contrôlée, ce qui en fait un instrument précieux pour le travail de manifestation. En visualisant leurs intentions et en utilisant la baguette pour projeter de l'énergie, les praticiens peuvent travailler pour réaliser des désirs ou des objectifs spécifiques.

Dans certaines traditions wiccanes, la baguette est associée à la Déesse, reflétant ses aspects nourriciers et créatifs. Il est considéré comme un outil d'initiation et de transformation, guidant le cheminement spirituel du pratiquant.

L'autel est un élément central du rituel wiccan et est souvent considéré comme le cœur de l'espace sacré. Il sert de point focal pour divers outils et objets symboliques, ainsi que de surface sur laquelle peuvent être placées des offrandes, des bougies et des représentations de divinités. L'autel peut prendre de nombreuses formes, depuis une simple table ou étagère jusqu'à une structure élaborée et ornée, selon les préférences et les ressources du praticien.

L'autel représente l'élément terrestre et est associé à la direction du nord. C'est un microcosme du monde naturel et le lieu de rencontre sacré entre les royaumes physique et spirituel. Les objets placés sur l'autel sont choisis avec intention, reflétant le lien du pratiquant avec les éléments, les divinités et le but spécifique du rituel.

La disposition et la disposition de l'autel peuvent différer selon la tradition et le rituel spécifique pratiqué. Les objets typiques trouvés sur l'autel peuvent inclure des bougies (représentant le feu), un calice (représentant l'eau), de l'encens (représentant l'air) et des pierres ou des cristaux (représentant la terre). Ces représentations élémentaires aident les praticiens à se connecter avec le monde naturel et à invoquer les énergies associées à chaque élément.

L'autel est également utilisé pour contenir les outils du métier, tels que l'athamé et la baguette, lorsqu'ils ne sont pas utilisés lors d'un rituel. C'est un espace de travail sacré où les sorts, la divination et d'autres opérations magiques peuvent être effectués. Essentiellement, l'autel devient un point focal physique et spirituel qui facilite la connexion du pratiquant avec le divin et les énergies avec lesquelles il travaille.

En conclusion, dans la Wicca, l'athamé, la baguette et l'autel ne sont pas de simples instruments ; ce sont des symboles d'une profonde signification, chacun représentant différents aspects de la relation du pratiquant avec le divin, les éléments et les mystères de l'univers. Ces outils connectent le praticien aux énergies de la création, au pouvoir de sa volonté et à l'espace sacré dans lequel il exerce sa magie.

Avec sa lame tranchante et sa concentration sur l'intention, l'athamé incarne la volonté du pratiquant et sert d'outil de protection et d'orientation. Grâce à ses qualités réceptives et créatrices, la baguette canalise l'énergie et facilite la manifestation, ce qui en fait un canal essentiel des opérations magiques. Au centre du rituel wiccan, l'autel est un espace sacré représentant l'unité des royaumes physique et spirituel, offrant un lieu pour les offrandes, le symbolisme et les outils du métier.

Ces outils du métier de la Wicca améliorent la pratique de la magie et approfondissent le lien du pratiquant avec le monde divin et naturel. Ils rappellent le caractère sacré inhérent à toutes choses et le profond potentiel de transformation et de croissance spirituelle qui est à la portée de ceux qui les manient avec intention et respect.

## Se préparer à la magie Wiccan

La magie Wiccan est une pratique sacrée et transformatrice qui nécessite une préparation et un dévouement minutieux. Même s'il peut être tentant de se plonger directement dans les sorts et les rituels, se préparer mentalement et spirituellement est crucial pour des expériences magiques réussies et significatives. Cette section explorera les étapes et considérations essentielles pour vous préparer à la magie Wiccan, depuis la compréhension de vos intentions et la construction d'une fondation spirituelle jusqu'à la création d'un espace sacré et le développement d'une pratique personnelle.

Avant de vous lancer dans tout travail magique, il est essentiel de bien comprendre vos intentions et vos motivations. Qu'espérez-vous réaliser grâce à vos efforts magiques ? Vos intentions sont-elles alignées sur les principes de l'éthique Wiccan, tels que le Wiccan Rede (« Si cela ne fait de mal à personne, faites ce que vous voulez ») ? Réfléchir à vos désirs et à vos considérations éthiques vous aidera à définir une intention magique claire et responsable.

Vos intentions façonneront l'orientation de vos opérations magiques, des sorts d'amour aux rituels de guérison en passant par la divination. Ils servent de base à votre pratique magique, guidant votre choix d'outils, de correspondances et de techniques. Soyez honnête avec vous-même au sujet de vos intentions, en vous assurant qu'elles sont ancrées dans des objectifs positifs, éthiques et responsabilisants.

La magie wiccan est profondément enracinée dans la spiritualité et le respect du monde naturel. Pour se préparer au travail magique, il est essentiel de construire une base spirituelle solide. Cette fondation comprend le développement d'une connexion profonde avec les éléments (terre, air, feu et eau), la compréhension des cycles de la lune et des saisons et le développement d'une relation avec le divin, souvent représenté comme la Déesse et le Dieu Cornu dans la Wicca.

L'étude et la réflexion sont des éléments essentiels à la construction de cette fondation spirituelle. Lisez des livres, assistez à des ateliers et discutez avec des praticiens expérimentés pour approfondir votre compréhension des croyances, des principes et des pratiques wiccans. Explorez votre connexion personnelle avec les éléments en passant du temps dans la nature, en méditant et en vous connectant aux énergies du monde naturel.

De nombreux wiccans trouvent bénéfique de tenir un journal ou un livre d' ombres pour documenter leur voyage spirituel. Ce journal peut servir de registre de vos idées, expériences et expériences magiques, fournissant des conseils et des références précieux à mesure que vous progressez sur votre chemin.

Un espace sacré, souvent appelé « cercle », est un élément essentiel de la magie wiccan. C'est une zone consacrée et protégée où se déroulent des rituels magiques et des sortilèges. Préparer et entretenir cet espace est un aspect important de votre pratique magique.

Pour créer un espace sacré, vous devez sélectionner un espace calme, privé et exempt de distractions. Vous pouvez travailler à l'intérieur ou à l'extérieur, selon vos préférences et la nature de votre travail magique. L'espace doit être débarrassé de tout encombrement et nettoyé énergiquement pour garantir qu'il est spirituellement pur et adapté à vos efforts magiques.

Tracer un cercle est une pratique courante pour définir et consacrer votre espace sacré. Cela implique de créer une frontière énergétique en visualisant une barrière protectrice autour de la zone où vous allez travailler. Le cercle sert de conteneur pour les énergies soulevées lors des rituels et des sorts et de bouclier contre les influences négatives.

La magie wiccan implique souvent l'utilisation d'outils spécifiques, tels que l'athamé (couteau rituel), la baguette et l'autel, comme indiqué dans un essai précédent. Ces outils ne sont pas de simples accessoires mais des instruments grâce auxquels l'énergie est concentrée, dirigée et amplifiée. Avant d'utiliser ces outils dans votre pratique magique, vous devez vous familiariser avec leur symbolisme et la manière dont ils sont utilisés.

Consacrez du temps à explorer le symbolisme et les correspondances associés aux outils que vous avez choisis. Comprenez les associations élémentaires (par exemple, athamé représentant le feu) et les rôles de chaque outil dans les rituels et les sorts. Nettoyer et consacrer vos outils est une pratique courante pour éliminer les énergies résiduelles et les imprégner de votre intention et de votre énergie.

Il est important de noter que même si les outils peuvent améliorer votre pratique magique, ils ne sont pas strictement nécessaires. De nombreux wiccans et sorcières pratiquent la « sorcellerie de cuisine » ou la « sorcellerie verte », qui consiste à utiliser des objets et des ingrédients du quotidien à des fins magiques. L'outil le plus puissant que vous possédez est votre propre intention et votre énergie.

L'un des aspects les plus importants de la préparation à la magie Wiccan consiste à développer une pratique personnelle qui correspond à vos objectifs et à vos croyances spirituelles. Votre pratique personnelle peut inclure des rituels quotidiens, des méditations et des exercices conçus pour renforcer vos compétences magiques, votre intuition et votre connexion avec le divin.

La méditation est un excellent moyen d'apaiser l'esprit, d'améliorer sa concentration et de s'adapter aux énergies de l'univers. Une méditation régulière peut également vous aider à développer vos capacités psychiques, telles que l'intuition et la visualisation, qui sont précieuses dans le travail magique.

De plus, envisagez d'intégrer des pratiques telles que l'ancrage et le centrage dans votre routine quotidienne. L'ancrage vous connecte aux énergies terrestres et vous aide à rester enraciné dans le moment présent, tandis que le centrage équilibre vos énergies intérieures et améliore votre capacité à les concentrer et à les diriger.

L'exploration de techniques de divination, telles que le tarot, les runes ou la divination, peut également constituer une partie précieuse de votre pratique personnelle. La divination peut fournir des informations, des conseils et de la clarté sur votre voyage magique.

En conclusion, se préparer à la magie Wiccan implique la découverte de soi, la croissance spirituelle et l'autonomisation. Cela nécessite une compréhension profonde de vos intentions, une base spirituelle solide et la création d'un espace sacré où votre travail magique peut se déployer. Les outils et les rituels sont des aides précieuses dans votre pratique, mais votre intention et votre énergie guident vos efforts magiques.

Alors que vous vous lancez dans ce voyage, soyez patient avec vous-même et ouvert à l'exploration. La magie Wiccan est un chemin dynamique et évolutif, et votre pratique grandira et évoluera avec vous. Restez fidèle à vos principes éthiques, respectez l'interdépendance de toutes choses et abordez votre travail magique avec respect et responsabilité. Ce faisant, vous constaterez que la magie Wiccan devient une source d'autonomisation et un aspect profond et transformateur de votre vie spirituelle.

# CHAPITRE
## III
## Installer votre autel Wiccan

### Créer un espace sacré

La pratique de la Wicca est profondément enracinée dans le lien sacré entre le pratiquant, le monde naturel et le divin. L'un des aspects fondamentaux des rituels et des sorts wiccans est la création d'un espace sacré – une zone consacrée et protégée où se déroule le travail magique. Cet espace sacré, souvent appelé « cercle », sert de pont entre les domaines banal et spirituel, permettant aux praticiens de travailler avec intention et concentration.

Dans la Wicca, le concept d'espace sacré est fondé sur la croyance que les mondes banal et spirituel sont interconnectés et que les frontières entre eux peuvent être temporairement comblées lors de rituels et d'opérations magiques. La création d'un espace sacré répond à plusieurs objectifs essentiels.

Avant tout, un espace sacré offre une protection. Il protège contre les influences ou énergies négatives qui peuvent interférer avec le travail magique en cours. Cela crée un environnement sûr et consacré dans lequel les praticiens peuvent travailler sans être dérangés, sans distractions ou perturbations qui pourraient perturber leurs intentions et leur concentration.

Deuxièmement, le cercle amplifie l'énergie. Il sert de conteneur aux énergies soulevées lors des rituels et des sorts. Les limites du cercle renforcent et concentrent ces énergies, permettant aux pratiquants d'exploiter leur pouvoir et de les diriger vers des intentions spécifiques. Les intentions se manifestent dans cet espace sacré et l'énergie circule avec détermination et précision.

De plus, la création d'un espace sacré aligne les pratiquants avec les éléments. Les quatre éléments – la terre, l'air, le feu et l'eau – sont des forces fondamentales de la nature et sont invoqués pour renforcer et améliorer le fonctionnement magique. En lançant le cercle et en invoquant les énergies élémentaires associées à chaque direction (nord, est, sud et ouest), les praticiens établissent une connexion profonde avec le monde naturel et font appel aux forces élémentaires pour faciliter leur travail magique.

Enfin, l'espace sacré représente une connexion spirituelle. Il agit comme un pont entre les royaumes physique et spirituel, servant d'espace où les pratiquants peuvent communier avec les divinités, les esprits et les forces divines de l'univers. Au sein du cercle, les pratiquants peuvent se connecter avec des énergies supérieures et des entités spirituelles, recherchant leurs conseils, leurs bénédictions ou leur autonomisation dans des buts spécifiques.

La préparation et le moulage du cercle impliquent plusieurs étapes qui imprègnent l'espace d'intention et d'énergie. Ces étapes comprennent la sélection d'un emplacement approprié, le nettoyage et le nettoyage de l'espace à la fois physiquement et énergétiquement, la mise en place d'un autel au centre, le moulage du cercle lui-même, l'appel aux énergies élémentaires des quartiers et la consécration de l'espace en invoquant le divin ou le spécifique. divinités. Chaque étape est effectuée avec pleine conscience et intention, transformant l'espace banal en un espace sacré et magique.

Une fois le cercle formé et consacré, les pratiquants entrent dans l'espace sacré pour accomplir leur travail magique. Les activités au sein du cercle peuvent inclure des rituels, des sorts, la divination, la méditation ou la communion avec des divinités et des esprits. Le cercle offre un environnement contrôlé et chargé d'énergie où les intentions peuvent être concentrées et l'énergie peut être dirigée avec précision. C'est un lieu où les intentions magiques et spirituelles du pratiquant deviennent tangibles et manifestes.

Pour bien boucler le cercle, les praticiens suivent des étapes spécifiques. Ils remercient et libèrent les énergies élémentaires des quartiers dans le sens inverse des aiguilles d'une montre, en commençant de l'est vers le nord. L'ancrage et le centrage sont essentiels pour garantir que tout excès d'énergie soit restitué à la terre, et une déclaration finale exprime sa gratitude pour l'espace sacré et les énergies présentes. Enfin, le praticien « coupe » ou « brise » symboliquement ou physiquement la limite énergétique du cercle, visualisant la barrière protectrice se dissolvant et le cercle s'ouvrant.

En conclusion, créer un espace sacré dans la Wicca est une pratique profonde et transformatrice qui facilite la connexion du pratiquant avec le divin, les éléments et les énergies du monde naturel. Il sert de vaisseau aux expériences magiques et spirituelles, permettant aux intentions de se manifester et à l'énergie de circuler avec un but. La préparation minutieuse, le moulage et la fermeture du cercle sont des étapes essentielles qui définissent la danse sacrée entre les royaumes physique et spirituel, garantissant que les pratiquants peuvent travailler avec intention, révérence et le plus grand respect pour l'interconnexion de toutes choses.

## Outils d'autel et leurs significations

Dans la Wicca, l'autel est un point central de la pratique magique et rituelle, un lieu où le pratiquant se connecte avec le divin, les éléments et les énergies du monde naturel. Les outils d'autel jouent un rôle important dans ces cérémonies, chacune étant imprégnée de symbolisme et de but. Ces outils servent de conduits pour l'énergie et les représentations des éléments et aident à concentrer l'attention. Dans cette section, nous explorerons les outils d'autel essentiels utilisés dans la Wicca et leurs significations, mettant en lumière leur signification individuelle et la manière dont ils contribuent au voyage spirituel et magique du pratiquant.

L'athamé est un couteau rituel doté d'une lame à double tranchant, souvent dotée d'un manche noir. Bien qu'il ne soit pas utilisé pour couper des objets physiques, il occupe une place importante sur l'autel wiccan. L'athamé représente l'élément feu et est considéré comme une extension de la volonté du pratiquant. Il symbolise le pouvoir de l'intention, de la concentration et la capacité de diriger l'énergie.

L'athamé remplit plusieurs fonctions dans la pratique wiccan. Il est utilisé pour former et ouvrir le cercle sacré, une limite qui définit l'espace rituel et le protège des influences indésirables. Lorsqu'il est utilisé dans des rituels, l'athamé peut être utilisé pour dessiner des symboles, tracer des cercles ou diriger de l'énergie. Sa lame tranchante est associée au pouvoir de transformation et est souvent utilisée pour couper des liens ou des cordes énergétiques lors de sorts et de rituels. L'athamé incarne la capacité du praticien à façonner et contrôler avec précision et détermination les forces magiques.

La baguette est un outil associé à l'élément air, souvent sculpté dans le bois ou orné d'éléments symboliques. Il représente la capacité du praticien à canaliser et diriger l'énergie, un peu comme l'athamé, mais il le fait en mettant l'accent sur la créativité et la réceptivité. La baguette est considérée comme un outil féminin et est associée au pouvoir d'attirer l'énergie.

Dans la Wicca, la baguette invoque, dirige et manipule l'énergie pendant les rituels et les sorts. Il est particulièrement adapté au travail énergétique doux et maîtrisé, ce qui en fait un instrument indispensable à la manifestation des intentions. Les pratiquants utilisent la baguette pour tracer des symboles dans l'air, invoquer des divinités ou des esprits, bénir des objets et consacrer des espaces sacrés. La pointe pointue de la baguette symbolise la capacité de se concentrer et de projeter l'énergie avec précision, tandis que ses qualités réceptives s'alignent sur l'ouverture du praticien à recevoir des conseils divins et une inspiration créatrice.

Le calice, souvent en verre, en métal ou en céramique, représente l'élément eau sur l'autel wiccan. Il symbolise les émotions, l'intuition et l'aspect réceptif du praticien. Le calice est associé au féminin et est considéré comme un récipient pour l'énergie féminine divine.

Dans les rituels et cérémonies, le calice contient et partage des libations, représentant généralement du vin ou de l'eau. Il sert d'outil pour consacrer, bénir et invoquer les énergies des divinités et des éléments. Le partage du calice peut symboliser l'unité et la communion au sein de la communauté Wiccan ou la connexion entre le pratiquant et le divin.

Le calice joue également un rôle dans le Grand Rite, une union symbolique de la Déesse et du Dieu, souvent pratiquée sous forme de rituel. Dans ce contexte, le calice représente le féminin divin, tandis que l'athamé (ou un autre symbole phallique) représente le masculin divin. L'union de ces symboles signifie l'harmonie et l'équilibre des opposés au sein de l'univers.

Le pentacle, une étoile à cinq branches entourée d'un cercle, représente l'élément terre sur l'autel wiccan. Il symbolise la protection, la stabilité et la connexion entre le pratiquant et le monde physique. Le pentacle est souvent inscrit sur une pièce de bois, de métal ou de pierre ronde ou en forme de disque.

Dans la Wicca, le pentacle sert d'outil de consécration, de protection et d'ancrage. Il bénit et consacre des objets, notamment lors de rituels et de sortilèges. Placer un objet sur le pentacle peut symboliser sa purification et sa connexion à l'élément terrestre. De plus, le pentacle peut être utilisé dans des rituels pour invoquer les énergies terrestres et ancrer l'excès d'énergie, garantissant ainsi que le praticien reste connecté au monde physique.

Les cinq pointes du pentacle représentent les cinq éléments – la terre, l'air, le feu, l'eau et l'esprit – et l'interdépendance de ces forces au sein de l'univers. C'est un puissant symbole d'équilibre et d'harmonie, soulignant l'importance de l'équilibre dans la pratique magique et spirituelle.

L'encensoir, également connu sous le nom de brûle-encens, est un outil qui représente l'élément air sur l'autel wiccan. Il est généralement utilisé pour brûler de l'encens, des herbes ou des résines, libérant une fumée parfumée qui transporte des intentions et des prières vers le divin. L'encensoir est souvent en métal ou en céramique et peut comporter des gravures ou des dessins symboliques.

Dans la Wicca, l'encensoir est utilisé pour purifier et consacrer l'espace rituel. On pense que la fumée aromatique de l'encens brûlant nettoie la zone des énergies négatives et crée une atmosphère sacrée et invitante. Différents types d'encens sont choisis en fonction de leur correspondance avec les éléments, les divinités ou des intentions magiques spécifiques.

L'acte d'encenser – faire flotter la fumée avec une plume ou un éventail – est une pratique rituelle courante dans la Wicca. Il purifie et bénit les participants, les objets et l'espace sacré lui-même.

L'encensoir relie le praticien à l'élément air, lui permettant d'exploiter ses qualités nettoyantes et purifiantes.

Dans la Wicca, les outils d'autel sont plus que de simples objets physiques ; ce sont des symboles d'une profonde signification spirituelle et magique. Chaque outil représente un élément et incarne des qualités et un symbolisme spécifiques qui contribuent à la connexion du pratiquant avec le divin, les éléments et les énergies du monde naturel. L'athamé, la baguette, le calice, le pentacle et l'encensoir remplissent chacun un objectif unique, de la direction de l'énergie à l'invocation des divinités, de l'ancrage à la consécration et de la purification à la protection.

Les wiccans améliorent la puissance de leurs rituels et de leurs sorts en utilisant ces outils avec intention, respect et une compréhension profonde de leurs significations. Ces outils deviennent des conduits par lesquels l'énergie circule et des symboles par lesquels les intentions se manifestent. Ils rappellent le caractère sacré inhérent à toutes choses et le rôle du praticien dans l'élaboration de son voyage spirituel et magique avec un but et un respect pour le réseau interconnecté de l'existence.

## Les éléments et leur représentation sur l'autel

Dans la Wicca, le monde naturel est considéré comme une tapisserie sacrée tissée à partir des cinq éléments : la terre, l'air, le feu, l'eau et l'esprit. Ces éléments sont fondamentaux pour l'univers physique et ont une profonde signification spirituelle et symbolique. Les autels wiccans incorporent souvent des représentations de ces éléments pour connecter les pratiquants à leurs énergies et honorer le réseau complexe de l'existence. Cette section explorera les éléments et leurs représentations sur l'autel wiccan, en approfondissant leurs significations, correspondances et significations dans la pratique wiccan.

L'élément terre est lié au domaine physique, à la stabilité et au plan matériel. Il incarne les qualités d'enracinement, de fertilité et d'abondance. Sur l'autel wiccan, la terre est souvent représentée par un petit plat de sel, de terre ou un pentacle, une étoile à cinq branches enfermée dans un cercle.

Le pentacle, en particulier, est un puissant symbole de l'énergie terrestre et de l'interconnexion de toutes choses. Cela représente l'intégration des quatre éléments physiques (terre, air, feu et eau) avec le cinquième élément, l'esprit, au centre. Placer un pentacle sur l'autel signifie une connexion avec l'élément terrestre et ses qualités de stabilité, de croissance et de prospérité.

La présence de la Terre sur l'autel rappelle l'importance de s'ancrer et de rester connecté au monde physique tout en s'engageant dans des pratiques magiques et spirituelles. Il encourage les pratiquants à honorer la terre comme source de nourriture, d'abondance et de stabilité dans leur vie.

L'air est l'élément de l'intellect, de la communication et le domaine des pensées et des idées. Il est associé à des qualités de clarté, d'inspiration et de puissance de l'esprit. Sur l'autel Wiccan, l'encens ou une plume représente souvent l'air.

L'encens, lorsqu'il est brûlé, libère une fumée parfumée qui symbolise l'élément air. L'acte d'encenser - souffler la fumée avec une plume ou un éventail - purifie l'espace rituel, clarifie l'esprit et connecte les praticiens au royaume de la pensée et de l'inspiration. C'est un moyen puissant d'améliorer la concentration et l'attention pendant les rituels et les sorts.

La plume, associée aux oiseaux et à l'élément air, représente le pouvoir de communication et la capacité d'interagir avec des domaines de conscience supérieurs. Il encourage les pratiquants à cultiver des pensées claires, une communication efficace et la recherche de la connaissance et de la sagesse.

L'élément feu représente la transformation, la volonté et l'énergie de la passion et du désir. Il incarne les qualités de changement, de courage et le pouvoir de manifester ses intentions. Sur l'autel wiccan, une bougie ou un petit chaudron représente souvent le feu.

Les bougies, lorsqu'elles sont allumées, symbolisent la présence du feu et son énergie transformatrice. Différentes couleurs de bougies sont choisies en fonction de leur correspondance avec des intentions spécifiques et des fonctionnements magiques. Allumer une bougie invoque l'élément feu, enflammant la volonté et la détermination du pratiquant.

Le chaudron, souvent associé à la Déesse et à l'élément eau, peut également représenter le feu lorsqu'il est utilisé à des fins de transformation. Il symbolise le processus alchimique de changement et de renaissance, ce qui en fait un outil puissant de transformation, de guérison et de rituels de travail intérieur.

L'eau est l'élément de l'émotion, de l'intuition, des sentiments et des rêves. Il incarne les qualités de fluidité, d'adaptabilité et le pouvoir de l'intuition. Sur l'autel wiccan, l'eau est souvent représentée par un calice ou un petit plat d'eau consacrée.

Le calice, lorsqu'il est rempli d'eau, symbolise la présence de l'élément et son lien avec les émotions et l'intuition. Il est utilisé pour les libations et les bénédictions, permettant aux praticiens de se connecter avec l'élément eau et ses qualités réceptives et nourrissantes.

Le plat d'eau consacrée, souvent appelé « eau bénite » dans certaines traditions wiccanes, est utilisé pour la purification et le nettoyage. Il représente le pouvoir de l'eau d'éliminer la négativité et de rétablir l'équilibre et l'harmonie. Asperger ou oindre avec de l'eau consacrée est une pratique courante dans les rituels visant à nettoyer et à bénir les participants et les objets.

L'esprit est le cinquième élément de la Wicca, souvent représenté comme la quintessence, l'élément qui transcende le physique et relie toutes choses. Il incarne l'unité, l'essence divine et l'interdépendance de toute vie. La présence du praticien symbolise l'esprit, le centre du pentacle, ou un calice ou un plat vide sur l'autel.

La présence du praticien représente sa connexion avec le divin et l'incarnation de l'esprit dans le corps physique. Le praticien sert de pont vivant entre les royaumes spirituels et matériels, incarnant l'interaction des éléments et du divin en eux-mêmes.

Le centre du pentacle, où se rencontrent les quatre éléments physiques, représente l'esprit comme la quintessence, la force unificatrice qui harmonise et équilibre les énergies élémentaires. Cela signifie l'essence divine qui traverse toutes choses et le réseau interconnecté de l'existence.

Un calice ou un plat vide sur l'autel peut également symboliser l'esprit en tant que source divine de toute vie. Il rappelle la nature infinie et informe de l'esprit et le cycle éternel de la naissance, de la mort et de la renaissance.

En conclusion, la représentation des éléments sur l'autel Wiccan est une manière puissante et symbolique de se connecter aux énergies du monde naturel et du divin. Chaque élément -terre, air, feu, eau et esprit - offre des qualités et des correspondances uniques qui renforcent la puissance des rituels et des opérations magiques.

Ces éléments sur l'autel encouragent les pratiquants à cultiver une compréhension plus profonde de l'interdépendance de toutes choses et à honorer les forces naturelles qui façonnent l'univers. Cela rappelle aux wiccans leur rôle d'intendant de la terre et leur capacité à exploiter les énergies élémentaires pour manifester leurs intentions, rechercher la sagesse et se connecter avec le divin.

Dans la Wicca, l'autel devient un microcosme sacré du monde naturel, un lieu où les éléments sont honorés, équilibrés et harmonisés. Au sein de cet espace sacré, les Wiccans opèrent leur magie, communient avec le divin et approfondissent leur connexion avec les forces élémentaires qui sont l'essence même de la vie elle-même.

## Décoration et personnalisation d'autel

L'autel Wiccan est un espace sacré où les pratiquants se connectent avec le divin, accomplissent des rituels et font de la magie. Il sert de point focal pour la pratique spirituelle et son apparence reflète les croyances, traditions et intentions personnelles du pratiquant. La décoration et la personnalisation des autels sont des aspects essentiels de la pratique wiccan, car elles permettent aux individus de créer un espace sacré et significatif qui correspond à leur chemin spirituel.

L'autel Wiccan est un microcosme des mondes naturel et spirituel, un lieu où convergent le banal et le magique. La décoration de l'autel est cruciale pour transformer cet espace en sanctuaire sacré. Chaque élément sur l'autel contribue à son énergie et à son symbolisme, favorisant une connexion avec le divin, les éléments et les intentions du pratiquant.

Le décor de l'autel représente également physiquement la dévotion et l'engagement du pratiquant envers son chemin spirituel. Organiser et personnaliser l'autel est une forme de méditation active, un moyen d'imprégner l'espace d'intention et un moyen de favoriser une connexion profonde et personnelle avec les éléments et les divinités.

Les autels wiccans comportent généralement plusieurs éléments communs, chacun avec son propre symbolisme et son propre objectif. Ces éléments peuvent être personnalisés et disposés pour refléter les croyances et intentions spécifiques du praticien.

La personnalisation est un aspect fondamental de la décoration d'autel dans la Wicca. Cela permet aux pratiquants d'imprégner leur autel de leurs croyances, traditions et intentions spirituelles uniques. La personnalisation peut prendre diverses formes, notamment le choix de couleurs, de symboles et d'objets qui correspondent au parcours du praticien.

Les symboles revêtent une grande importance dans la pratique wiccan et sont souvent intégrés au décor des autels. Par exemple, un pentacle peut être placé au centre de l'autel pour représenter l'intégration des éléments et du divin. Des symboles de la lune, tels que des croissants de lune ou des pierres de lune, peuvent être inclus pour honorer les énergies et les cycles lunaires. Les pratiquants peuvent également incorporer des symboles associés à des divinités ou à des traditions spécifiques, tels que la déesse de la triple lune ou le symbole du dieu à cornes.

Les couleurs jouent également un rôle essentiel dans la personnalisation de l'autel. Chaque couleur porte sa propre vibration énergétique et correspond à des intentions précises. Par exemple, le vert peut être utilisé pour attirer la prospérité et l'abondance, tandis que le violet peut être choisi pour la croissance et la transformation spirituelles. En sélectionnant des couleurs spécifiques de nappes d'autel, de bougies et d'autres objets, les pratiquants alignent leur autel avec leurs intentions et les énergies qu'ils souhaitent invoquer.

L'intention est au cœur de la décoration et de la personnalisation des autels dans la Wicca. Chaque objet placé sur l'autel doit être choisi dans un but et une intention spécifiques. Les pratiquants prennent souvent le temps de concentrer leur énergie et leur intention sur chaque élément lorsqu'ils arrangent et installent leur autel. Ce processus transforme l'autel d'un simple espace physique en un puissant outil de manifestation et de connexion spirituelle.

La créativité est également encouragée dans la décoration et la personnalisation de l'autel. La Wicca embrasse l'expression individuelle et les pratiquants sont encouragés à fabriquer leurs autels pour qu'ils résonnent avec leur voyage spirituel unique. Cette créativité peut impliquer la fabrication d'outils d'autel faits maison, la création d'œuvres d'art ou de symboles originaux, ou la disposition d'objets d'une manière esthétique et spirituellement significative.

En conclusion, la décoration et la personnalisation des autels font partie intégrante de la pratique de la Wicca, permettant aux individus de créer des espaces sacrés qui reflètent leurs croyances, leurs intentions et leurs liens avec le monde divin et naturel. La décoration d'autel englobe une gamme d'éléments, chacun avec son propre symbolisme, et la personnalisation permet aux praticiens d'insuffler à leurs autels une intention, un symbolisme et une créativité. En fin de compte, l'autel devient un outil puissant pour la croissance spirituelle, le travail magique et la communion avec les énergies qui façonnent l'univers. Il reflète le dévouement du pratiquant et une représentation tangible de son chemin unique au sein de la tapisserie de la spiritualité Wiccan.

# CHAPITRE
# IV
# Lancer des sorts

## L'art du lancer de sorts

Le lancement de sorts est un aspect fondamental et complexe de la pratique wiccan, permettant aux pratiquants d'exploiter les énergies du monde naturel et du monde spirituel pour manifester leurs intentions et leurs désirs. Enraciné dans des traditions anciennes et des adaptations contemporaines, l'art du lancement de sorts dans la Wicca est un processus dynamique et créatif qui combine symbolisme, rituel et intention ciblée. Dans cette section, nous explorerons l'art du lancement de sorts dans la Wicca, en approfondissant ses éléments essentiels, la signification de l'intention et de l'éthique, ainsi que le rôle du pouvoir personnel dans cette pratique transformatrice.

Au cœur du lancement de sorts dans la Wicca se trouve la compréhension que tout dans l'univers est interconnecté et que l'énergie circule à travers toutes choses. Les wiccans croient que la manipulation de cette énergie par une intention ciblée et un rituel peut entraîner des changements dans leur vie et dans le monde qui les entoure. Le lancement de sorts s'appuie sur les quatre éléments principaux – la terre, l'air, le feu et l'eau – et sur le cinquième élément, l'esprit, pour créer une force énergétique puissante.

La pierre angulaire d'un lancement de sorts réussi dans la Wicca est l'intention. L'intention n'est pas simplement un souhait ou un désir passager, mais une intention profondément ancrée, ciblée et claire d'aboutir à un résultat spécifique. Cette intention est la force motrice du sort, dirigeant l'énergie vers l'objectif prévu. Les praticiens doivent définir précisément leurs intentions pour éviter des conséquences inattendues et s'assurer que le sort s'aligne sur leurs croyances éthiques et morales.

La concentration est un autre élément essentiel du lancement de sorts. Les praticiens doivent maintenir un niveau élevé de concentration et de visualisation tout au long du sort. Ils utilisent l'imagerie mentale pour voir leur intention se manifester et la canaliser dans les outils rituels et les symboles utilisés pendant les sorts. Le pouvoir de concentration et de visualisation est essentiel pour façonner l'énergie et atteindre le résultat souhaité.

Le lancement de sorts wiccan implique souvent l'utilisation de divers outils et correspondances soigneusement sélectionnés en fonction de leur symbolisme et de leur alignement avec l'intention du praticien. Les outils courants comprennent les bougies, les herbes, les cristaux, l'encens et les huiles, chacun portant des correspondances spécifiques liées à leur couleur, leur parfum, leurs propriétés et leurs associations élémentaires.

Par exemple, un praticien en quête d'amour peut choisir une bougie rose (associée à l'amour et à la romance), des pétales de rose (symbolisant l'amour et la passion) et des cristaux de quartz rose (connus pour leur lien avec les questions de cœur). Ces outils sont incorporés au sort pour améliorer l'énergie et le symbolisme entourant l'intention.

Le lancement de sorts wiccan est souvent effectué dans le cadre de rituels et de cérémonies. Les rituels créent un espace sacré et protégé, établissent une connexion avec les énergies divines et élémentaires et fournissent un cadre structuré pour les sorts. Les éléments courants d'un rituel de lancement de sorts Wiccan incluent le lancer d'un cercle, l'invocation des quartiers élémentaires, l'appel à l'aide de divinités ou d'esprits et la récitation d'incantations ou d'invocations.

Le lancement d'un cercle est une étape fondamentale du lancement de sorts. Il crée une frontière protectrice entre les domaines physique et spirituel, permettant aux praticiens de travailler sans être dérangés et libres de toute influence extérieure. Au sein du cercle sacré, les pratiquants sont dans un état de conscience accru, ce qui en fait un espace idéal pour concentrer leur intention et leur énergie.

Les considérations éthiques sont d'une importance primordiale dans le lancement de sorts wiccan. Le Wiccan Rede, une ligne directrice morale fondamentale de la Wicca, met l'accent sur le principe "Si cela ne fait de mal à personne, faites ce que vous voulez". Ce principe souligne l'importance de ne pas causer de mal aux autres, y compris par le biais de sorts. Les praticiens sont encouragés à considérer attentivement les implications éthiques de leurs intentions et à éviter tout sortilège qui pourrait porter atteinte au libre arbitre ou au bien-être d'autrui.

Le karma, la croyance que ses actions lui reviennent, est une autre considération éthique dans le lancement de sorts. Les pratiquants comprennent que l'énergie qu'ils envoient dans l'univers, qu'elle soit positive ou négative, finira par leur revenir. Cela renforce l'importance de travailler avec des intentions pures et une conduite éthique.

Dans le lancement de sorts Wiccan, le pouvoir personnel est le moteur de l'efficacité d'un sort. Ce pouvoir est exploité grâce à la connexion du praticien avec le divin, son énergie et les énergies des éléments. La croyance, l'intention et la volonté du praticien façonnent finalement le résultat du sort.

Le pouvoir personnel s'accompagne de grandes responsabilités. Les praticiens doivent être conscients de leurs intentions et des conséquences potentielles de leurs actes. Ils doivent également respecter les limites du monde naturel et celles des royaumes spirituels. Les wiccans sont encouragés à renforcer leur lien spirituel, à pratiquer la pleine conscience et à affiner continuellement leur compréhension éthique à mesure qu'ils développent leurs capacités magiques.

En conclusion, l'art du lancement de sorts dans la Wicca est une pratique profonde et transformatrice qui permet aux individus de manifester leurs intentions et leurs désirs tout en respectant les principes éthiques de non-violence et de responsabilité personnelle.

Il s'appuie sur les énergies interconnectées des éléments, du divin et du pouvoir du praticien. Avec une intention claire, une concentration ciblée et des outils soigneusement sélectionnés, les wiccans créent des rituels qui correspondent à leur chemin spirituel et apportent des changements positifs dans leur vie et dans le monde qui les entoure. Le lancement de sorts dans la Wicca est un art magique et un voyage spirituel qui approfondit la compréhension du praticien du réseau interconnecté de l'existence et de sa place en son sein.

## Types de sorts Wiccan (guérison, protection, amour, etc.)

Le sortilège Wiccan englobe diverses pratiques magiques, chacune adaptée à des intentions et des objectifs spécifiques. La Wicca, en tant que tradition riche en spiritualité et basée sur la nature, propose différents types de sorts qui font appel aux énergies des éléments, au pouvoir de l'intention et à la sagesse du monde naturel. Ces sorts couvrent un large spectre, incluant la guérison, la protection, l'amour, la prospérité, etc. Cette section explorera certains des types critiques de sorts Wiccan, leurs objectifs et les méthodologies derrière leur lancement.

Les sorts de guérison de la Wicca visent à restaurer le bien-être physique, émotionnel ou spirituel. Ces sorts font souvent appel à l'élément eau, symbolisant les qualités nettoyantes et rajeunissantes de cet élément. Les sorts de guérison peuvent impliquer l'utilisation de cristaux, d'herbes et de techniques de visualisation. Les praticiens canalisent leur intention et leur énergie dans le processus de guérison, cherchant à soulager la douleur, à favoriser la guérison ou à apporter du réconfort au receveur. Ces sorts peuvent être utilisés pour l'autoguérison ou pour aider les autres dans leur cheminement vers la santé et la plénitude.

Les sorts de protection sont une pratique courante dans la Wicca, conçus pour créer un bouclier d'énergie qui protège contre les influences négatives, les dommages et les attaques psychiques. Ces sorts font appel à l'élément terre et peuvent impliquer l'utilisation d'herbes protectrices, de cristaux ou d'amulettes. Les pratiquants tracent des cercles de protection ou invoquent des divinités et des énergies élémentaires pour renforcer leurs défenses. Les sorts de protection peuvent être utilisés pour protéger le pratiquant, sa maison ou ses proches, créant ainsi un sentiment de sécurité et de paix face à l'adversité.

Les sorts d'amour sont parmi les plus recherchés dans la Wicca, car ils visent à attirer ou à renforcer les relations amoureuses et romantiques. Ces sorts exploitent l'élément feu, représentant la passion et le désir. Les sorts d'amour peuvent impliquer l'utilisation de bougies rouges ou roses, de roses ou de cristaux comme le quartz rose. Les pratiquants concentrent leur attention sur la manifestation de l'amour, qu'il s'agisse de l'amour de soi, d'attirer un nouveau partenaire ou d'approfondir une relation existante. Il est essentiel d'aborder les sorts d'amour avec des considérations éthiques, en respectant le libre arbitre et le consentement de toutes les personnes impliquées.

Les périodes de prospérité visent à attirer l'abondance, la richesse et la stabilité financière. Ces sorts s'alignent sur l'élément terre, car ils impliquent souvent des gains matériels. Les pratiquants peuvent utiliser des bougies vertes, des herbes comme le basilic ou la cannelle et des symboles de prospérité comme des pièces de monnaie ou des cristaux de citrine. L'intention derrière les périodes de prospérité est d'éliminer les obstacles au bien-être financier et de créer un aimant énergétique pour la prospérité. Ces sorts ne visent pas à la cupidité mais à atteindre un sentiment de sécurité et de confort dans sa vie matérielle.

Les sorts de nettoyage et de purification sont centrés sur l'élimination des énergies négatives, des attachements ou des vibrations stagnantes d'une personne, d'un lieu ou d'un objet. Ces sorts correspondent à l'élément eau et utilisent souvent l'utilisation de sel, d'eau, d'encens ou de bavures avec des herbes comme la sauge. Les pratiquants exécutent ces sorts pour purifier leur énergie, libérer leur bagage émotionnel ou purifier les espaces sacrés avant les rituels. Les sorts de nettoyage et de purification rétablissent l'équilibre et l'harmonie dans la vie et dans l'environnement.

Les sorts de divination sont utilisés pour améliorer les capacités psychiques, l'intuition ou pour avoir un aperçu de l'avenir. Ces sorts exploitent l'élément air, représentant le domaine des pensées et de la communication. Les sorts de divination peuvent impliquer la méditation, la recherche avec une boule de cristal ou un miroir, ou l'utilisation de cartes de tarot ou de runes. Les praticiens cherchent à ouvrir leurs canaux intuitifs et à se connecter à des sources de connaissances supérieures pour obtenir de la clarté et des conseils dans leur vie.

Les sorts contraignants sont utilisés pour restreindre ou limiter une personne ou une situation, souvent utilisés en dernier recours lorsqu'il s'agit d'individus ou de circonstances nuisibles. Ces sorts s'appuient sur l'élément feu pour provoquer un changement transformateur. Les pratiquants peuvent utiliser des bougies noires, des symboles de confinement ou des pétitions écrites pour concentrer leur intention. Les sorts de bannissement, cependant, sont utilisés pour éliminer les influences ou les énergies négatives de la vie. Ils sont souvent pratiqués pour rompre des habitudes malsaines ou rompre des liens toxiques.

Le lien de la Wicca avec le monde naturel s'étend aux sorts météorologiques et élémentaires, qui cherchent à influencer ou à s'aligner sur les forces de la nature. Ces sorts fonctionnent avec les éléments air, feu, eau et terre pour modifier les conditions météorologiques, encourager la croissance naturelle ou invoquer des énergies élémentaires à des fins spécifiques. Les sorts météorologiques et élémentaires nécessitent une compréhension approfondie des éléments et de leurs correspondances ainsi qu'une approche respectueuse du travail avec le monde naturel.

En conclusion, le sortilège Wiccan est une pratique diversifiée et dynamique englobant de nombreuses intentions et objectifs. Qu'il s'agisse de guérison, de protection, d'amour, de prospérité, de nettoyage, de divination, de liaison ou de magie élémentaire, chaque type de sort s'appuie sur l'intention du praticien, les énergies des éléments et la sagesse du monde naturel. L'accent mis par la Wicca sur les considérations éthiques, la responsabilité personnelle et un lien profond avec la nature garantit que le lancement de sorts reste une pratique transformatrice et spirituellement enrichissante au sein de cette tradition ancienne et en évolution.

## Écrire vos propres sorts

L'un des aspects les plus créatifs et stimulants de la pratique Wiccan est la capacité d'écrire et de lancer vos propres sorts. Bien qu'il existe d'innombrables sorts et rituels préexistants dans la tradition Wiccan, la création de vos propres sorts permet un lien personnel plus profond avec vos intentions, un sens accru de la créativité et une compréhension plus profonde des énergies avec lesquelles vous travaillez.

Le travail du sort implique de définir une intention claire, d'élever et de diriger l'énergie et de manifester le résultat souhaité. La clé d'une création de sorts réussie est l'intention. Votre intention dirige le sort, façonnant l'énergie que vous générez et la dirigeant vers l'objectif souhaité. La clarté de l'intention est donc cruciale. Prenez le temps de réfléchir à ce que vous souhaitez réellement réaliser avec votre sort.

Dans la Wicca, les correspondances jouent un rôle important dans la création de sorts. Les correspondances sont des associations entre certains éléments, couleurs, herbes, cristaux et intentions. Par exemple, le vert est souvent associé à la prospérité et à l'abondance, tandis que le quartz rose est lié à l'amour et aux questions de cœur. Ces correspondances servent à valoriser et amplifier les énergies de votre sort.

Considérez les correspondances qui correspondent à votre intention lorsque vous rédigez votre propre sort. Sélectionnez des couleurs, des herbes, des cristaux ou des symboles qui correspondent à votre objectif. L'incorporation de ces correspondances dans votre sort ajoute de la profondeur et du symbolisme, vous permettant d'exploiter les énergies naturelles qui soutiennent votre intention.

Écrire votre propre sort implique de définir votre intention, de sélectionner des correspondances, de créer un espace sacré, d'élever l'énergie, de la diriger, de la libérer dans l'univers et de prendre des mesures pratiques. Un espace sacré fournit un conteneur pour votre travail magique et garantit que les énergies relevées sont concentrées et contenues.

Avec votre énergie élevée et concentrée, dirigez-la vers votre intention. Visualisez votre objectif comme s'il avait déjà été atteint. Ressentez les émotions associées à votre intention : joie, amour, guérison ou abondance. Libérez cette énergie chargée dans l'univers, en étant sûr qu'elle manifestera le résultat souhaité.

Une fois que vous avez dirigé votre énergie, libérez-la dans l'univers. Fermez votre espace sacré en remerciant les éléments, divinités ou esprits que vous avez invoqués et en libérant le cercle. Prenez des mesures pratiques pour atteindre votre intention. La magie est un catalyseur de changement mais nécessite souvent des actions banales pour le soutenir.

Les considérations éthiques sont primordiales lorsque vous écrivez vos propres sorts dans la Wicca. Avec son principe fondamental «

Ne faites de mal à personne, faites ce que vous voulez », le Wiccan Rede souligne l'importance de la création de sorts éthique. Assurez-vous que votre sort n'empiète pas sur le libre arbitre ou le bien-être d'autrui. Respectez les principes du consentement et évitez toute manipulation ou tout préjudice.

De plus, pensez aux conséquences à long terme de votre sort. Même si cela peut répondre à vos désirs immédiats, réfléchissez à la manière dont cela s'aligne sur votre plus grand voyage spirituel et sur le réseau interconnecté de l'existence. Efforcez-vous de créer des sorts qui favorisent la guérison, l'équilibre et l'harmonie dans votre vie et dans le monde qui vous entoure.

En conclusion, écrire vos propres sorts dans la Wicca est une pratique profonde et stimulante qui approfondit votre connexion avec vos intentions, le monde naturel et les énergies avec lesquelles vous travaillez. Avec une base éthique solide et un cœur authentique, vous pouvez exploiter le pouvoir transformateur de la magie personnalisée pour manifester un changement positif dans votre vie et dans le monde.

## Calendrier et phases de la lune

Le timing est un aspect crucial du sortilège et de la pratique rituelle Wiccan. Les wiccans croient que les cycles de la lune, la position des corps célestes et le timing des sorts et des rituels peuvent avoir un impact significatif sur leur efficacité. En particulier, les phases de lune sont au cœur de la magie Wiccan, s'alignant sur des intentions et des énergies spécifiques.

Dans la Wicca, la lune est considérée comme une force puissante et mystique qui régit le flux et le reflux des énergies sur Terre. Son attraction gravitationnelle affecte non seulement les marées mais aussi les énergies et les émotions des individus. La lune est associée au divin féminin et est souvent personnifiée comme la Déesse dans ses différentes phases : Jeune Fille, Mère et Vieille. On pense que chaque phase de lune possède des qualités et des correspondances uniques, ce qui en fait un moment idéal pour des types spécifiques de travaux magiques.

La Wicca reconnaît huit phases distinctes de la lune, chacune avec son énergie et son symbolisme. Ces phases comprennent le croissant croissant, la nouvelle lune, le premier quartier, la pleine lune, le croissant gibbeux, le gibbeux décroissant, le dernier quartier et le croissant décroissant. Chaque phase correspond à des intentions spécifiques et à des fonctionnements magiques.

Les wiccans planifient soigneusement leurs sorts et leurs rituels pour exploiter l'énergie de chaque phase de la lune. Choisir la bonne phase est crucial ; par exemple, le Croissant Cirant est idéal pour attirer la positivité et l'abondance, tandis que la Pleine Lune est considérée comme la période la plus puissante à diverses fins magiques, notamment la guérison et la divination.

L'intégration des phases de lune dans les sorts implique de sélectionner les outils, herbes, cristaux et symboles correspondants qui résonnent avec l'énergie de la phase. Pendant le sort ou le rituel, les praticiens définissent une intention claire, visualisent le résultat souhaité et planifient soigneusement des actions spécifiques pour s'aligner sur l'influence de la lune.

Travailler en harmonie avec les phases de la lune n'est pas seulement un aspect pratique de la création de sorts, mais aussi un lien spirituel profond avec les cycles de la nature. Il sert à rappeler l'interdépendance de toute vie et le flux constant d'énergie et de changement dans l'univers. Les phases de la lune reflètent les cycles de naissance, de croissance, d'aboutissement, de déclin et de renaissance inhérents à tous les aspects de l'existence.

En conclusion, le timing et les phases de lune font partie intégrante de la pratique de la Wicca, fournissant un cadre structuré pour les sports et les rituels. En alignant leurs intentions sur les énergies de la lune, les wiccans croient qu'ils peuvent améliorer la puissance et l'efficacité de leur travail magique. Cette pratique les connecte aux rythmes de la nature et approfondit leur compréhension de la nature cyclique et en constante évolution de l'existence dans la tradition wiccan.

# CHAPITRE
# V
# Rituels dans la Wicca

## Quels sont les rituels ?

La Wicca, souvent appelée sorcellerie moderne, est un mouvement religieux païen contemporain apparu au milieu du XXe siècle. Au cœur de la Wicca se trouvent ses rituels, qui jouent un rôle crucial dans la pratique et l'expression de cette tradition spirituelle. Les rituels wiccans ont de multiples facettes et revêtent une grande importance pour les pratiquants, servant de moyen de connexion avec le divin, marquant les transitions de la vie et favorisant la croissance personnelle. Cette section approfondira l'essence des rituels Wiccan, explorant leurs origines, leurs éléments et leurs objectifs au sein du système de croyance Wiccan.

À la base, la Wicca est une religion basée sur la nature qui célèbre les cycles de la Terre, les changements de saisons et les forces divines censées être présentes dans tous les êtres vivants. Les rituels de la Wicca sont profondément enracinés dans ces rythmes naturels, s'inspirant de diverses sources, notamment d'anciennes pratiques païennes, de magie cérémonielle et de traditions populaires. Bien que la Wicca soit elle-même un mouvement relativement moderne, elle s'appuie sur la sagesse du passé pour créer une riche tapisserie de rituels reflétant le respect de la nature et du divin.

Les rituels wiccans sont généralement exécutés dans un espace sacré, souvent appelé « cercle ». Le cercle représente l'espace sacré et protégé où le pratiquant peut communiquer avec le divin et faire de la magie. Lancer le cercle est essentiel à tout rituel wiccan, car il crée une frontière entre le monde ordinaire et le royaume sacré. Cet acte de lancer le cercle est effectué avec intention, souvent à l'aide d'un outil consacré comme un athamé (un poignard rituel) ou une baguette.

Une fois le cercle tracé, les wiccans invoquent les quartiers représentant les quatre directions cardinales : Nord, Est, Sud et Ouest. Chaque direction est associée à des éléments (Terre, Air, Feu et Eau) et à des énergies spécifiques, et faire appel à ces éléments est une manière de se connecter au monde naturel et aux forces qui le gouvernent. Ce symbolisme élémentaire est un aspect fondamental de la cosmologie wiccan et est au cœur de ses rituels.

Les rituels wiccans sont souvent centrés sur le culte des divinités, les divinités principales étant le Dieu et la Déesse. Ces divinités sont considérées comme des représentations des aspects masculins et féminins de la divinité et sont souvent associées au Soleil et à la Lune, ainsi qu'à divers phénomènes naturels. Pendant les rituels, les Wiccans peuvent invoquer des divinités spécifiques qui résonnent avec le but du rituel, cherchant leurs conseils, leurs bénédictions ou leur aide.

L'un des rituels wiccans les plus connus est le « Sabbat », qui célèbre les huit points importants de la Roue de l'Année, marquant les solstices, les équinoxes et les points intermédiaires. Ces sabbats sont divisés en deux catégories : les grands sabbats (Samhain, Imbolc, Beltane et Lughnasadh) et les petits sabbats (Yule, Ostara, Litha et Mabon). Chaque sabbat a ses thèmes et traditions uniques, mais ils tournent tous autour des changements de saisons et des cycles de vie et de mort.

Un autre aspect essentiel des rituels Wiccan est le sortilège et la magie. Les wiccans croient au pouvoir de l'intention et de la manipulation énergétique pour changer leur vie et le monde qui les entoure. Les sorts peuvent être lancés à diverses fins, telles que la guérison, la protection, l'amour et la prospérité. Ces sorts impliquent souvent l'utilisation d'outils rituels, de bougies, d'herbes et de symboles, tous soigneusement choisis pour correspondre au résultat souhaité.

Les rituels wiccans ne se limitent pas aux sabbats et aux sorts ; ils englobent également les rites de passage et la croissance personnelle. Les initiations, les handfastings (mariages wiccan) et les cérémonies de passage à l'âge adulte sont des exemples de rites pratiqués dans la tradition wiccan. Ces rituels marquent des transitions de vie importantes et approfondissent le lien avec la communauté Wiccan et le chemin spirituel.

L'utilisation du symbolisme est répandue dans les rituels wiccans. Diverses couleurs, herbes, cristaux et autres éléments sont choisis pour leur signification symbolique et leur correspondance avec l'intention du rituel. Par exemple, un rituel d'amour peut incorporer des pétales de rose, des bougies roses et l'invocation de divinités associées à l'amour et aux relations.

Les structures rigides ne lient pas les rituels wiccans ; il y a de la place pour la personnalisation et la créativité. Bien qu'il existe des éléments et des pratiques traditionnelles, chaque praticien Wiccan peut adapter et modifier les rituels en fonction de ses besoins et préférences. Cette flexibilité permet divers rituels et pratiques au sein de la communauté Wiccan.

En conclusion, les rituels de la Wicca constituent un aspect essentiel de cette tradition païenne moderne. Ils sont profondément enracinés dans la nature, le symbolisme et le respect du divin. Les rituels wiccans servent à plusieurs fins, notamment vénérer des divinités, célébrer les cycles des saisons, faire de la magie et marquer des événements importants de la vie. Qu'ils forment un cercle, invoquent les quartiers ou exécutent un sort, les wiccans s'engagent dans ces rituels avec intention, respect et un lien profond avec le monde spirituel et naturel. À travers ces rituels, les Wiccans cherchent à approfondir leur compréhension d'eux-mêmes, de leur place dans l'univers et de leur lien avec les forces sacrées qui les entourent.

## La structure d'un rituel Wiccan

La Wicca, une tradition religieuse païenne moderne, met l'accent sur les rituels comme moyen de se connecter avec le divin, d'exploiter les énergies naturelles et de favoriser la croissance personnelle. La structure d'un rituel Wiccan est un cadre bien défini et complexe qui guide les praticiens à travers un voyage sacré. Enracinés dans le symbolisme, les correspondances élémentaires et un profond respect pour la nature, ces rituels sont soigneusement conçus pour s'aligner sur les intentions et les objectifs des participants. Dans cette section, nous explorerons les éléments fondamentaux et la structure d'un rituel wiccan typique, mettant en lumière les étapes impliquées et la signification de chaque composant.

Le début d'un rituel Wiccan est marqué par la coulée du cercle, créant un espace sacré et protégé. Ce cercle est considéré comme une barrière séparant le monde ordinaire du royaume sacré, permettant une connexion accrue avec les énergies divines et naturelles qui nous entourent. Le lancer du cercle s'effectue généralement avec un outil consacré, tel qu'un athamé (un poignard rituel) ou une baguette. Lorsque le praticien se déplace dans le sens des aiguilles d'une montre autour du cercle, il visualise la formation d'une barrière protectrice scintillante et récite souvent des mots de pouvoir ou des invocations pour renforcer cette frontière.

Une fois le cercle tracé, l'étape suivante consiste à invoquer les quartiers, représentant les quatre directions cardinales : Nord, Est, Sud et Ouest. Chaque direction est associée à des éléments spécifiques – respectivement la Terre, l'Air, le Feu et l'Eau – et porte ses énergies et qualités uniques. Invoquer les quartiers est une façon de se connecter avec les forces élémentaires et de s'accorder avec le monde naturel. Typiquement, le praticien tient un outil rituel ou un élément représentant chaque quartier et fait appel à l'élément associé et à ses attributs. Cette invocation permet d'établir un espace équilibré et harmonieux au sein du cercle.

Le point central de nombreux rituels wiccans est le culte des divinités, en particulier du Dieu et de la Déesse. Ces divinités représentent les aspects masculin et féminin de la divinité et sont considérées comme des incarnations des forces naturelles qui gouvernent l'univers. Selon le but du rituel, des divinités spécifiques peuvent être invoquées pour offrir des conseils, des bénédictions ou de l'aide. Invoquer des divinités implique souvent de réciter des prières, des invocations ou des chants qui honorent et font appel à la présence divine. Cette connexion avec les divinités est un élément central de la spiritualité wiccan et confère au rituel un profond sentiment de sacré.

L'une des caractéristiques déterminantes des rituels wiccans est leur alignement sur les cycles de la nature et les changements de saisons. Les wiccans célèbrent la Roue de l'Année, qui comprend huit festivals majeurs connus sous le nom de Sabbats. Ces sabbats marquent des moments importants du calendrier solaire, notamment les solstices, les équinoxes et les points médians entre eux. Chaque sabbat a des thèmes, des traditions et des rituels uniques, reflétant les changements saisonniers et la signification spirituelle de ces tournants. Par exemple, Samhain est célébré comme le Nouvel An Wiccan et le moment d'honorer les ancêtres, tandis que Beltane est une célébration de la fertilité et de l'arrivée de l'été.

La phase suivante d'un rituel Wiccan implique souvent des sorts et de la magie. Les wiccans croient au pouvoir de l'intention et de la manipulation énergétique pour changer leur vie et le monde qui les entoure. Les sorts peuvent être lancés à diverses fins, telles que la guérison, la protection, l'amour et la prospérité. Ces sorts peuvent impliquer l'utilisation d'outils rituels, de bougies, d'herbes, de cristaux et de symboles, tous soigneusement sélectionnés pour correspondre au résultat souhaité. Le praticien élève l'énergie par la visualisation, les incantations ou la danse, puis la dirige vers le but visé. Cet acte de magie est un aspect dynamique et transformateur des rituels wiccans, reflétant la croyance en l'autonomisation personnelle et l'interconnexion de toutes choses.

Le symbolisme est tissé dans toute la structure d'un rituel Wiccan. Les praticiens sélectionnent des couleurs, des herbes, des cristaux et d'autres éléments spécifiques qui correspondent à l'intention et au but du rituel. Par exemple, un rituel axé sur l'amour peut intégrer l'utilisation de pétales de roses, de bougies roses et de symboles associés à l'amour et aux relations. Ces éléments symboliques amplifient l'énergie du rituel et créent un lien plus profond entre le praticien et le résultat souhaité.

Alors que le rituel touche à sa fin, les pratiquants se livrent souvent à des actes d'action de grâce et de gratitude. Cela peut impliquer des offrandes aux divinités, des expressions d'appréciation pour les éléments ou le partage de nourriture et de boissons comme symbole de communion. Ces gestes reconnaissent l'interconnexion de tous les êtres et expriment leur gratitude pour les bénédictions reçues pendant le rituel.

Enfin, le cercle est « fermé » à la fin du rituel. C'est l'inverse du processus de lancer de cercle, où le praticien se déplace dans le sens inverse des aiguilles d'une montre, souvent avec une déclaration de gratitude et en relâchant les quartiers. La fermeture du cercle signifie la fin de l'espace sacré et un retour au monde ordinaire. C'est un moment d'ancrage et de réflexion, pendant lequel les participants intègrent les expériences et les énergies du rituel dans leur vie quotidienne.

En conclusion, la structure d'un rituel Wiccan est une séquence d'actions et d'invocations soigneusement chorégraphiées conçues pour faciliter la connexion spirituelle, le travail magique et la croissance personnelle. Qu'il s'agisse de lancer le cercle, d'invoquer des divinités, de célébrer la Roue de l'Année, d'exécuter des sorts ou d'exprimer sa gratitude, chaque élément répond à un objectif spécifique dans le cadre global du rituel. Les rituels wiccans témoignent du respect de la nature, de la croyance en l'interdépendance de toutes choses et du pouvoir de l'intention et du symbolisme. À travers ces rituels, les Wiccans cherchent à approfondir leur lien spirituel, à célébrer les cycles de la nature et à faire preuve de magie pour manifester leurs intentions dans le monde.

## Rituels Wiccan courants (Esbat, Sabbat, Initiation, etc.)

La Wicca, une tradition religieuse païenne moderne enracinée dans le culte de la nature et du divin, englobe de nombreux rituels qui revêtent une profonde signification pour ses pratiquants. Ces rituels sont essentiels pour se connecter avec le divin, célébrer les cycles de la nature, marquer les transitions de vie et approfondir son cheminement spirituel. Dans cette section, nous explorerons plusieurs rituels wiccans courants, notamment les Esbats, les Sabbats, les initiations et autres, mettant en lumière leur objectif, leur structure et le rôle qu'ils jouent dans la vie des Wiccans.

Les esbats sont des rituels lunaires organisés pour honorer les phases de la Lune, en particulier la Pleine Lune. Ces rituels sont généralement effectués mensuellement et permettent aux Wiccans de se connecter avec la Déesse, dont les énergies sont censées atteindre leur apogée pendant la Pleine Lune. Les esbats impliquent souvent des pratiques telles que la méditation, la divination et la magie, toutes menées à la douce lueur du clair de lune. La Pleine Lune est considérée comme un moment d'autonomisation, de manifestation et de libération des énergies négatives. Les wiccans se rassemblent pour communier avec la Déesse, célébrer leur croissance personnelle et spirituelle et faire appel à la magie pour atteindre leurs objectifs.

Les sabbats sont la pierre angulaire de la pratique rituelle wiccan, célébrant les huit points majeurs de la Roue de l'Année. Ces points incluent les solstices, les équinoxes et les jours croisés qui les séparent. Chaque sabbat marque un événement important au cours des saisons et possède un symbolisme et des traditions uniques. Par exemple, Samhain, célébré le 31 octobre, est le nouvel an wiccan et le moment d'honorer les ancêtres et le cycle de la vie et de la mort. Beltane, célébrée le 1er mai, annonce l'arrivée de l'été et est une période de fertilité et de fête. Les sabbats impliquent généralement des rituels qui reflètent les thèmes de la saison, tels que les festins, la danse et la création d'autels saisonniers. Ils servent à s'harmoniser avec le monde naturel et les énergies de la Terre.

Les rituels d'initiation sont des moments charnières dans le voyage spirituel d'un Wiccan. Ils marquent l'acceptation formelle d'un individu dans un coven ou une tradition et symbolisent son dévouement à la voie wiccan. Le processus d'initiation varie selon les traditions, mais il implique souvent une série de cérémonies et d'enseignements conçus pour transmettre des connaissances, des responsabilités et un lien plus profond avec le clan et ses divinités. Les initiés peuvent vivre des expériences symboliques, telles que des voyages les yeux bandés, des rituels de purification ou des morts et renaissances symboliques, pour signifier leur transformation et leur engagement. Les rituels d'initiation sont profondément personnels et transformateurs, représentant un rite de passage dans les mystères de la Wicca.

Les cérémonies de handfasting sont des mariages wiccans, symbolisant l'union de deux individus d'une manière sacrée et spirituellement significative. Les handfastings peuvent varier en complexité, allant de simples rituels privés à des célébrations publiques élaborées. L'aspect central d'un handfasting consiste à lier les mains du couple avec un cordon ou un ruban, signifiant leur engagement et unissant leurs destins. Contrairement aux mariages conventionnels, les handfastings ne doivent pas nécessairement durer à vie ; ils peuvent être d'une durée prédéterminée ou aussi longtemps que le couple le souhaite. Les handfastings célèbrent le caractère sacré de l'amour et du partenariat, en soulignant l'importance du respect mutuel et du lien spirituel entre le couple.

Les cérémonies de bénédiction et de dédicace sont utilisées à diverses fins dans la tradition wiccan. Ces rituels peuvent être exécutés pour consacrer des outils, des espaces sacrés ou des objets utilisés dans des travaux magiques. Ils peuvent également servir à bénir et à protéger une maison, à initier un enfant à la voie wiccan ou à invoquer la direction divine pour des efforts spécifiques. Les bénédictions et les dédicaces impliquent souvent l'utilisation d'eau consacrée, d'encens et d'invocations aux divinités ou aux énergies élémentaires associées au but du rituel. Ces cérémonies mettent l'accent sur le caractère sacré de l'intention et la croyance dans le pouvoir des bénédictions d'insuffler aux objets ou aux espaces une énergie positive et une protection divine.

La divination est une pratique courante chez les Wiccans et est souvent intégrée à leurs rituels. Les rituels de divination sont menés pour rechercher des conseils, des idées ou des réponses aux questions du monde divin ou spirituel. Les méthodes de divination populaires incluent les lectures de cartes de tarot, la recherche avec une boule de cristal ou un miroir et l'utilisation de runes ou d'autres systèmes symboliques. Au cours des rituels de divination, les praticiens créent un espace ciblé et sacré, invoquant souvent des divinités spécifiques ou des énergies élémentaires pour faciliter le processus divinatoire. Les interprétations des symboles et des messages divinatoires sont hautement personnelles et subjectives, servant de moyen de se connecter avec le domaine spirituel ainsi que de mieux comprendre son chemin.

Les Wiccans croient au pouvoir de guérison par la magie et l'intention. Des rituels de guérison sont effectués pour soulager les maux physiques, émotionnels ou spirituels et promouvoir le bien-être général. Ces rituels peuvent impliquer des remèdes à base de plantes, la visualisation et la manipulation de l'énergie pour canaliser les énergies de guérison vers l'individu dans le besoin. Les cérémonies de guérison font souvent appel à l'aide de divinités associées à la guérison, comme la déesse celtique Brigid ou le dieu romain

Apollon. Le praticien peut également travailler avec les éléments, les cristaux ou d'autres outils pour améliorer la guérison. Les rituels de guérison témoignent de l'approche holistique du bien-être et de la croyance en l'interconnexion de l'esprit, du corps et de l'esprit de la tradition wiccan.

Les rituels wiccans peuvent être menés au sein d'un coven ou en tant que pratique solitaire. Les rituels du Coven impliquent un groupe de Wiccans travaillant ensemble, souvent sous la direction d'une grande prêtresse et d'un grand prêtre. Ces rituels mettent l'accent sur la puissance de l'énergie collective et la synergie de la dynamique de groupe. En revanche, les pratiquants solitaires accomplissent seuls des rituels, suivant leur propre tradition ou adaptant les rituels établis à leurs besoins. La pratique du clan et la pratique solitaire sont des expressions valides et significatives de la spiritualité wiccan, reflétant la diversité et la flexibilité de la tradition.

En conclusion, les rituels wiccans courants englobent une riche tapisserie de pratiques qui célèbrent les cycles de la nature, se connectent au divin, marquent les transitions de la vie et approfondissent le voyage spirituel. Des Esbats et Sabbats qui s'alignent sur les calendriers lunaires et solaires aux cérémonies d'initiation qui symbolisent le dévouement et la transformation, chaque rituel répond à un objectif unique au sein de la tradition Wiccan. Qu'ils soient menés au sein d'un coven ou en tant que pratique solitaire, ces rituels témoignent du respect de la nature, de la croyance dans le pouvoir de l'intention et du symbolisme, et de l'interconnexion de toutes choses au sein de la vision du monde wiccan. À travers ces rituels, les Wiccans cherchent à nourrir leur spiritualité, à faire de la magie et à créer un lien plus profond avec les forces sacrées qui les entourent.

## L'importance du casting circulaire

La Wicca, un mouvement religieux païen moderne, a gagné en popularité et en reconnaissance au fil des ans pour ses rituels et pratiques uniques. L'une des pratiques fondamentales et essentielles de la Wicca est le lancer de cercles. Le casting en cercle joue un rôle central dans les rituels et cérémonies wiccans, servant de multiples objectifs qui font partie intégrante de la foi. Dans cette section, nous explorerons l'importance du cercle dans la Wicca, en examinant ses racines historiques, son rôle dans la création d'un espace sacré, son symbolisme et son importance dans le sortilège et le culte.

Pour comprendre l'importance du cercle dans la Wicca, il est crucial de se plonger dans ses origines historiques. La Wicca, telle qu'elle est pratiquée aujourd'hui, est apparue au milieu du XXe siècle, s'inspirant de diverses sources, notamment d'anciennes traditions païennes, de magie cérémonielle et de folklore. Le casting en cercle peut trouver ses racines dans ces diverses influences. Dans les anciennes cultures païennes, comme celles des Druides et des Grecs de l'Antiquité, la création d'un cercle ou d'un espace sacré était une pratique courante. Il servait de moyen de se connecter avec le divin, de se protéger contre les énergies négatives et d'améliorer l'efficacité des rituels. La Wicca a incorporé et adapté ces pratiques anciennes dans son propre cadre, soulignant l'importance de créer un cercle pour faciliter le travail spirituel et la communion avec le divin.

La création d'un espace sacré est l'une des principales fonctions du moulage en cercle dans la Wicca. Le cercle représente une frontière séparant les domaines terrestre et spirituel. Lorsque les wiccans tracent un cercle, ils créent essentiellement un espace consacré et protégé des influences extérieures. Cet acte de séparation symbolise la croyance wiccan en la dualité de l'existence : la division entre le sacré et le profane. Au sein de cet espace sacré, les Wiccans peuvent accomplir leurs rituels, communier avec les divinités et travailler avec les énergies magiques dans un environnement ciblé et protégé.

Le symbolisme est vital dans la Wicca, et le cercle ne fait pas exception. Le cercle lui-même est un symbole puissant, représentant l'unité, la complétude et la nature cyclique. Il symbolise le cycle éternel de la vie, de la mort et de la renaissance, qui est au cœur des croyances wiccanes. Tracer un cercle implique souvent de faire appel aux éléments de la terre, de l'air, du feu et de l'eau pour créer un symbole complet et équilibré. Ces éléments correspondent aux quatre directions cardinales et sont imprégnés de leurs propres qualités et énergies. En invoquant et en incorporant ces éléments dans le cercle, les Wiccans s'alignent sur les forces de la nature et du cosmos, renforçant ainsi leur connexion avec le divin.

De plus, former un cercle est une forme de purification et de consécration rituelle. Les wiccans utilisent généralement des outils tels qu'un athamé rituel (un couteau de cérémonie) ou une baguette pour tracer physiquement la limite du cercle. Ce faisant, ils visualisent la formation d'une barrière protectrice, la considérant comme une sphère de lumière ou d'énergie. Ce processus non seulement purifie l'espace en bannissant les énergies négatives mais le consacre également, en faisant un environnement propice au travail spirituel. Cet acte de purification et de consécration s'apparente à la création d'un temple où les Wiccans peuvent communier avec le divin et accomplir leurs opérations magiques.

En plus de créer un espace sacré et de l'imprégner de symbolisme, le lancer de cercles est crucial dans la pratique des sorts et du culte dans la Wicca. Les sorts sont des rituels qui exploitent les énergies magiques pour atteindre des objectifs spécifiques, qu'il s'agisse de guérison, de protection, d'amour ou toute autre intention. Le fait de lancer un cercle avant d'exécuter un sort sert à plusieurs fins. Premièrement, cela aide à concentrer l'attention et l'énergie du praticien, créant ainsi un environnement contrôlé et concentré dans lequel l'énergie du sort peut être canalisée. Deuxièmement, il agit comme une barrière qui empêche les influences extérieures d'interférer avec le sort, garantissant ainsi son efficacité. Enfin, le cercle offre un espace désigné où le praticien peut travailler sans être dérangé, favorisant ainsi un sentiment de présence et de connexion spirituelles.

Dans le culte et les rituels dédiés aux divinités, le moulage en cercle est tout aussi essentiel. Lorsque les Wiccans invoquent les dieux et les déesses de leur panthéon, le cercle fait le pont entre le royaume des mortels et le divin. C'est au sein du cercle sacré que les Wiccans croient pouvoir établir une connexion directe avec les divinités qu'ils ont choisies, recherchant leurs conseils, leurs bénédictions ou leur communion. Le cercle sert de temple où le culte et les offrandes peuvent être faits et les participants peuvent ressentir un sentiment accru de présence spirituelle et de proximité avec leurs dieux.

En conclusion, le casting en cercle est une pratique essentielle et multiforme de la Wicca. Il s'appuie sur d'anciennes traditions païennes, crée un espace sacré, incarne un symbolisme puissant, purifie et consacre l'environnement rituel et facilite l'orthographe et le culte. Pour les wiccans, former un cercle n'est pas simplement une formalité rituelle mais un aspect fondamental de leur foi. Il fournit une représentation tangible et symbolique des croyances et des principes qui sous-tendent la spiritualité wiccan, servant de passerelle vers le divin et de moyen d'exploiter les forces de la nature et de la magie. Alors que la Wicca continue d'évoluer et de s'adapter, l'importance du cercle reste la pierre angulaire de cette tradition spirituelle dynamique et diversifiée.

# CHAPITRE
# VI
# Magie à base
# de plantes et potions

## L'utilisation des herbes dans la Wicca

La Wicca, un mouvement religieux païen contemporain, est profondément enracinée dans la nature et dans la croyance selon laquelle le monde naturel est imprégné d'énergie spirituelle. Les herbes sont l'un des éléments naturels les plus importants et les plus polyvalents utilisés dans les pratiques wiccanes. L'utilisation des herbes dans la Wicca a une histoire riche et diversifiée, jouant un rôle central dans les rituels, les sorts et les opérations magiques. Dans cette section, nous explorerons l'importance des herbes dans la Wicca, en examinant leur contexte historique, leurs rôles dans divers aspects de la pratique wiccan, leur symbolisme et leur lien avec les thèmes plus larges de la spiritualité et du respect de la Terre.

L'herboristerie a une histoire longue et riche, remontant aux civilisations anciennes où les plantes étaient vénérées pour leurs propriétés médicinales, culinaires et spirituelles. La Wicca, apparue au milieu du XXe siècle, s'inspire de diverses sources, notamment la magie populaire, la magie cérémonielle et les traditions basées sur la nature. L'utilisation des herbes dans la Wicca remonte à ces influences. Les wiccans ont adopté et adapté la sagesse de l'herboristerie, l'intégrant dans leurs pratiques spirituelles pour se connecter avec le monde naturel et utiliser ses énergies.

Dans la Wicca, les herbes sont utilisées de nombreuses manières, chacune servant un objectif spécifique. L'une des principales utilisations des herbes est celle des rituels et des cérémonies. Les rituels wiccans impliquent souvent la création d'un espace sacré et les herbes jouent un rôle crucial dans ce processus. Les herbes sont utilisées pour purifier et consacrer la zone rituelle, créant ainsi un environnement en harmonie avec les énergies spirituelles. Ils sont généralement brûlés comme encens ou répandus autour du cercle sacré pour nettoyer et bénir l'espace, garantissant qu'il est exempt d'influences négatives et propice au travail magique.

De plus, les herbes sont incorporées aux sorts Wiccan, une pratique centrale de la tradition. Les sorts sont des rituels qui concentrent l'attention et l'énergie pour atteindre des résultats spécifiques, que ce soit à des fins de guérison, de protection, d'amour ou à d'autres fins. Différentes herbes sont choisies pour les sorts en fonction de leurs correspondances - propriétés et associations particulières qui correspondent à l'intention du praticien. Par exemple, la lavande peut être utilisée pour des sorts liés à la relaxation et à la paix, tandis que le romarin est souvent utilisé à des fins de protection. En sélectionnant des herbes avec les correspondances appropriées, les Wiccans amplifient l'efficacité de leurs sorts et travaillent en harmonie avec les énergies naturelles des plantes.

Le symbolisme des herbes dans la Wicca est important et à plusieurs niveaux. On pense que chaque herbe possède son énergie et ses propriétés uniques, qui peuvent être exploitées à des fins magiques et spirituelles. La nature verte et la croissance des plantes symbolisent la vie, le renouveau et les cycles de la Terre, s'alignant sur les croyances fondamentales de la Wiccan concernant l'interconnectivité de tous les êtres vivants et les cycles de la nature. Les herbes soulignent également l'importance des quatre éléments - la terre, l'air, le feu et l'eau - dans la cosmologie wiccan. Les herbes sont associées à l'élément terre, ancrant le praticien et le connectent au monde physique.

De plus, les herbes ont souvent des associations historiques, mythologiques ou culturelles qui ajoutent de la profondeur à leur symbolisme dans la Wicca. Par exemple, l'utilisation de la verveine remonte aux anciennes pratiques druidiques, où elle était considérée comme une herbe sacrée dotée de qualités protectrices. Dans la Wicca, ce lien historique confère une puissance supplémentaire à l'herbe lorsqu'elle est utilisée à des fins de protection ou de purification.

En plus de leur rôle dans les rituels et les sorts, les herbes ont leur place dans les pratiques de guérison wiccan. Les wiccans fabriquent des remèdes à base de plantes et des potions pour divers maux physiques et spirituels. Ces remèdes peuvent impliquer l'utilisation d'herbes dans des thés, des huiles, des pommades ou d'autres formes, et on pense qu'ils favorisent le bien-être et l'équilibre. La guérison par les plantes s'aligne sur l'approche holistique de la Wicca en matière de santé et de spiritualité, en mettant l'accent sur l'interaction entre l'esprit, le corps et l'esprit.

Les herbes trouvent également leur place dans les célébrations et les festivals Wiccan. Bon nombre des huit sabbats, qui marquent le changement des saisons, impliquent l'utilisation d'herbes spécifiques associées à la période de l'année et aux thèmes du festival. Par exemple, lors de la fête de Beltane, des herbes telles que l'aubépine et les roses sont utilisées pour symboliser l'amour, la passion et la fertilité. Ces herbes sont incorporées dans des rituels et des décorations pour honorer la saison et ses énergies correspondantes.

De plus, les herbes sont utilisées pour la divination et la divination dans certaines traditions wiccanes. On pense que des herbes telles que l'armoise améliorent les capacités psychiques et facilitent le contact avec le monde spirituel. En brûlant ou en inhalant le parfum de ces herbes, les praticiens visent à ouvrir leur esprit pour recevoir des idées, des visions ou des messages du divin.

Au-delà de leurs rôles pratiques et symboliques, l'utilisation des herbes dans la Wicca est profondément liée aux thèmes plus larges de la spiritualité et du respect de la Terre. La Wicca est une religion basée sur la nature qui met l'accent sur le caractère sacré du monde naturel. Les herbes, en tant qu'êtres vivants, incarnent l'essence de la Terre et constituent un lien tangible avec le divin au sein de la nature. Récolter des herbes avec pleine conscience et gratitude reflète la croyance wiccane en l'interdépendance de toute vie et l'importance de vivre en harmonie avec la Terre.

En conclusion, l'utilisation des herbes dans la Wicca est un aspect multiforme et intégral de la tradition. S'appuyant sur une riche histoire d'herboristerie et de sagesse populaire, les Wiccans incorporent des herbes dans des rituels, des sorts, des pratiques de guérison, des célébrations et de la divination. Le symbolisme des herbes souligne leur rôle dans la connexion des praticiens avec le monde naturel et les cycles de vie. Les herbes servent de pont entre les domaines physique et spirituel, permettant aux Wiccans d'exploiter les énergies de la Terre et de travailler en harmonie avec les forces de la nature. Alors que la Wicca continue d'évoluer et de s'adapter, l'utilisation des herbes reste une expression vitale et dynamique du respect de la tradition pour la nature et de son lien avec le domaine spirituel.

## Créer des sorts et des infusions à base de plantes

Dans la tapisserie complexe des pratiques wiccanes, les herbes se démarquent comme un fil conducteur important et polyvalent. Les herbes, avec leurs énergies et correspondances naturelles, jouent un rôle central dans la fabrication de sorts et de breuvages au sein de la tradition Wiccan. Cette section explore l'art et l'importance de la création de sorts et de breuvages à base de plantes dans la Wicca, explorant les racines historiques de la magie à base de plantes, les méthodes et outils impliqués, les principes de correspondance, d'intention et d'éthique, et comment la magie à base de plantes favorise une connexion plus profonde avec la nature et le monde spirituel.

L'utilisation d'herbes en magie n'est pas propre à la Wicca ; son histoire est longue et diversifiée et s'étend sur plusieurs siècles et cultures. La pratique consistant à utiliser des herbes pour leurs propriétés magiques et curatives remonte à des civilisations anciennes comme les Égyptiens, les Grecs et les Romains. Dans ces cultures anciennes, les herbes étaient considérées comme des dons des dieux et leur utilisation faisait partie intégrante des rituels religieux, de la divination et de la médecine. Lorsque la Wicca a émergé au milieu du XXe siècle, elle s'est inspirée de diverses sources, notamment la magie populaire, la magie cérémonielle et les traditions basées sur la nature. L'incorporation de la magie des plantes dans les pratiques wiccanes perpétue cette tradition séculaire, en s'adaptant et en évoluant dans un contexte moderne.

La création de sorts et de breuvages à base de plantes dans la Wicca implique une combinaison de sagesse traditionnelle, de perspicacité intuitive et de techniques rituelles. Les herbes sont soigneusement sélectionnées en fonction de leurs correspondances – propriétés et associations spécifiques qui correspondent à l'intention du praticien. Par exemple, la lavande, associée à la relaxation et à la paix, pourrait être choisie pour un sort visant à réduire le stress, tandis que le romarin, réputé pour sa protection, pourrait être utilisé dans un sort visant à éloigner les énergies négatives. Les correspondances des herbes englobent divers aspects, notamment leurs qualités élémentaires, planétaires et magiques. Les praticiens peuvent consulter des ouvrages de référence ou s'appuyer sur leur expérience personnelle et leur intuition pour déterminer les herbes les plus adaptées à leurs effets magiques.

Les méthodes utilisées pour créer des sorts et des infusions à base de plantes peuvent varier considérablement, en fonction des objectifs spécifiques du praticien et de la tradition qu'il suit. Certaines techniques courantes incluent la fabrication de sachets ou de breloques à base de plantes, l'infusion d'huiles ou d'eaux avec des herbes, la préparation de tisanes ou de teintures et la création de mélanges d'encens à base de plantes. Chaque méthode capture et amplifie les énergies des herbes choisies, ce qui en fait un puissant outil magique. La fabrication de ces objets magiques peut également être une pratique profondément spirituelle et méditative, favorisant un sentiment de connexion avec les herbes et les intentions derrière le sort.

La création de sorts et de breuvages à base de plantes ne se limite pas à la préparation physique d'objets magiques ; cela implique également l'engagement mental et spirituel du praticien. L'intention joue un rôle central dans toute forme de magie, et la magie des plantes ne fait pas exception. L'intention ciblée du praticien confère aux herbes un but et une direction, les alignant sur le résultat souhaité. Cette intention est souvent exprimée par des mots parlés ou écrits, des affirmations, des chants ou des visualisations, selon le genre ou le breuvage artisanal spécifique. L'état d'esprit et la concentration du praticien sont essentiels pour diriger l'énergie vers la manifestation du changement souhaité.

Les considérations éthiques sont un aspect essentiel de la magie à base de plantes dans la Wicca. Le Wiccan Rede, une ligne directrice morale centrale de la tradition, met l'accent sur le principe de « ne faire aucun mal ». Ce principe s'étend aux pratiques magiques, y compris l'utilisation d'herbes. Les praticiens sont encouragés à utiliser les herbes de manière responsable et éthique, en veillant à ce que leurs effets magiques ne nuisent pas aux autres ou à l'environnement. Cette position éthique reflète la croyance wiccane en l'interdépendance de tous les êtres vivants et en l'importance de vivre en harmonie avec la nature.

L'utilisation d'herbes dans la magie s'aligne également sur les thèmes plus larges de la spiritualité wiccan, qui mettent l'accent sur un lien profond avec la nature et le monde spirituel. En tant qu'êtres vivants, les herbes sont considérées comme des incarnations des énergies et des forces naturelles de la Terre. Lorsque les wiccans travaillent avec des herbes, ils s'engagent dans la magie inhérente au monde naturel, puisant dans la sagesse de la Terre elle-même. Ce lien avec la nature est un aspect essentiel de la spiritualité wiccan et souligne le respect des cycles de vie, de mort et de renaissance, les principes fondamentaux de la tradition.

De plus, l'utilisation d'herbes dans des pratiques magiques favorise un sentiment de pleine conscience et de respect de la Terre. De nombreux wiccans cultivent leurs herbes ou les récoltent de manière durable dans la nature, reconnaissant l'importance de la réciprocité avec le monde naturel. Cette approche consciente de la magie à base de plantes améliore le lien du pratiquant avec la nature et renforce la dimension éthique de sa pratique.

En conclusion, la création de sorts et de breuvages à base de plantes dans la Wicca est un aspect riche et complexe de la tradition, mêlant sagesse ancienne et spiritualité moderne. Les racines historiques de la magie des plantes remontent à des siècles de civilisation humaine, et la Wicca a adopté et adapté cette pratique, lui insufflant un profond sentiment de connexion avec la nature et le divin. La sélection des herbes basée sur les correspondances, les méthodes de préparation, le pouvoir de l'intention et les considérations éthiques contribuent toutes à l'efficacité et à l'intégrité éthique de la magie des plantes. Alors que les Wiccans continuent d'explorer les domaines de la magie et de la spiritualité, l'utilisation des herbes reste un moyen puissant et transformateur d'exploiter les énergies naturelles de la Terre et les forces spirituelles qui façonnent le monde.

## Correspondances aux herbes

Dans le réseau complexe des pratiques wiccanes, l'utilisation des herbes comme outils de magie et de rituels occupe une place importante et vénérée. Les correspondances d'herbes sont au cœur de l'efficacité de la magie des herbes dans la Wicca : l'idée selon laquelle chaque herbe possède des propriétés, des énergies et des associations uniques qui s'alignent sur des intentions et des buts magiques spécifiques. Ces correspondances sont essentielles à la sélection des bonnes herbes pour les sorts, les rituels et les infusions, ajoutant ainsi de la profondeur et de la puissance aux pratiques wiccanes. Cette section explore l'importance des correspondances d'herbes dans la Wicca, explorant leurs racines historiques, leur rôle dans le fonctionnement magique et la manière dont elles approfondissent le lien du pratiquant avec la nature et le monde spirituel.

Le concept de correspondances d'herbes dans la Wicca a ses racines dans les anciennes traditions d'herboristerie, de magie populaire et de phytothérapie. Tout au long de l'histoire, les cultures du monde entier ont reconnu les diverses propriétés des herbes, les utilisant à des fins médicinales, culinaires et magiques. Les anciens Grecs, Romains, Égyptiens et bien d'autres civilisations attribuaient des qualités spécifiques à différentes herbes, les associant souvent à des dieux, des planètes, des éléments ou un symbolisme mystique. Lorsque la Wicca a émergé au milieu du XXe siècle, elle a incorporé et développé ces connaissances anciennes, en développant un système complet de correspondances qui aligne les herbes avec des intentions magiques spécifiques.

Les correspondances entre les herbes dans la Wicca sont basées sur l'idée que chaque herbe possède sa propre énergie et ses propres qualités intrinsèques qui peuvent être utilisées à des fins magiques. Ces correspondances englobent divers attributs, notamment des associations élémentaires, des influences planétaires, des propriétés magiques et des significations symboliques. Par exemple, le romarin est souvent associé à la protection, à la purification et à la clarté mentale, s'alignant ainsi sur les éléments du feu et du Soleil. À l'inverse, la lavande est liée à la relaxation, à la paix et à l'amour, ce qui la fait correspondre à l'élément air et à la planète Vénus. Ces correspondances fournissent un cadre permettant aux praticiens de sélectionner des herbes qui s'harmonisent avec leurs intentions et améliorent l'efficacité de leurs travaux magiques.

L'un des principaux rôles des correspondances d'herbes dans la Wicca est de guider la sélection des herbes pour les sorts, les rituels et les infusions. Lorsqu'un praticien a une intention spécifique, comme l'amour, la guérison, la protection ou la prospérité, il peut consulter les correspondances pour identifier les herbes qui résonnent avec cette intention. En choisissant des herbes qui correspondent au résultat souhaité, les praticiens améliorent la concentration et l'efficacité de leur travail magique. Ce processus de sélection minutieux garantit que les herbes sont énergétiquement alignées avec l'objectif et renforce l'intention du praticien grâce à une association symbolique.

En plus de leur utilisation pratique, les correspondances d'herbes approfondissent le lien du pratiquant avec la nature et le monde spirituel. La Wicca est une religion basée sur la nature qui met l'accent sur le respect de la Terre et de ses cycles. Les correspondances des herbes reflètent la croyance selon laquelle la nature est intrinsèquement magique et que les énergies du monde naturel peuvent être exploitées à des fins spirituelles et magiques. Lorsque les wiccans travaillent avec des herbes basées sur des correspondances, ils s'engagent avec les énergies de la Terre et les rythmes du cosmos, favorisant un profond sentiment de connexion avec le naturel et le divin.

De plus, les correspondances d'herbes servent à reconnaître l'interdépendance de toutes choses. Chaque herbe est considérée comme une manifestation unique des énergies terrestres et fait partie d'un réseau de vie plus vaste. Cette perspective s'aligne sur la croyance fondamentale wiccan selon laquelle l'interdépendance de tous les êtres vivants et la nature cyclique de l'existence. Ainsi, lorsque les praticiens travaillent avec les herbes et leurs correspondances, ils pratiquent la magie et participent à une danse sacrée avec le monde naturel.

L'utilisation des correspondances d'herbes dans la Wicca s'étend au-delà de la sélection des herbes ; il informe également sur le timing et le symbolisme des pratiques magiques. Les wiccans prennent souvent en compte les phases de la Lune, les alignements planétaires et les correspondances astrologiques lors de la planification de leurs rituels et de leurs sorts. En alignant ces influences cosmiques avec les correspondances des herbes, les praticiens peuvent améliorer la puissance et le timing de leurs travaux magiques. Par exemple, un sort d'abondance et de prospérité peut être exécuté pendant une phase de lune croissante, avec des herbes comme le basilic et la cannelle correspondant à la richesse et au succès.

Le symbolisme joue un rôle important dans la Wicca, et les correspondances d'herbes contribuent à la profondeur du symbolisme dans les pratiques magiques. Les herbes ne sont pas seulement sélectionnées pour leurs qualités pratiques, mais aussi pour les niveaux de signification qu'elles véhiculent. Par exemple, l'utilisation du romarin dans un sort de protection ne concerne pas seulement ses propriétés protectrices ; il évoque également le symbolisme du souvenir et de la fidélité, le romarin étant depuis longtemps associé à la mémoire et à la fidélité. Ce symbolisme à plusieurs niveaux ajoute de la richesse et des nuances aux rituels wiccans et renforce le lien du pratiquant avec les aspects spirituels de son métier.

En conclusion, les correspondances entre les herbes dans la Wicca constituent un aspect fondamental et complexe de la tradition, s'appuyant sur la sagesse ancienne et un profond respect pour le monde naturel. Ces correspondances fournissent aux praticiens un cadre systématique et symbolique pour sélectionner des herbes qui correspondent à leurs intentions magiques, améliorant ainsi l'efficacité des sorts, des rituels et des infusions. Au-delà de leur utilisation pratique, les correspondances d'herbes approfondissent le lien du pratiquant avec la nature et le monde spirituel, favorisant ainsi un sentiment d'unité avec la Terre et le cosmos. Alors que la Wicca continue d'évoluer et de s'adapter, les correspondances d'herbes restent un moyen puissant et transformateur d'honorer la magie et l'interconnectivité du monde naturel.

# CHAPITRE
## VII
## Divination
## et pratiques wiccan

## Cartes de tarot

Les cartes de tarot occupent depuis longtemps une place importante dans le domaine de la divination et des pratiques spirituelles, y compris leur utilisation dans la Wicca. Ces cartes anciennes, riches en symbolisme et en histoire, sont utilisées pour rechercher des conseils, un aperçu et une découverte de soi. Les lectures de tarot sont devenues une pratique courante et respectée au sein de la tradition wiccan, offrant aux praticiens un moyen de se connecter avec le monde spirituel, d'explorer leur moi intérieur et de chercher des réponses aux questions de la vie. Cette section explore le rôle des cartes de tarot dans la divination et les pratiques wiccanes, en examinant leurs origines historiques, leur symbolisme, leurs méthodes d'interprétation et leur intégration dans la tapisserie plus large de la spiritualité wiccan.

Historiquement, les cartes de tarot trouvent leurs origines au XVe siècle en Europe, où elles étaient initialement utilisées pour les jeux de cartes. Au fil du temps, leur finalité a évolué et s'est associée à des pratiques mystiques et divinatoires. Le jeu de tarot se compose généralement de 78 cartes, divisées en deux catégories principales : les arcanes majeurs et mineurs. Les cartes Arcanes majeurs représentent des événements importants de la vie et des symboles archétypaux, tandis que les cartes Arcanes mineurs représentent des expériences et des situations quotidiennes. Dans le contexte wiccan, les cartes de tarot sont considérées comme un moyen de communication avec le monde spirituel et sont souvent utilisées pour la divination, la méditation et les opérations magiques.

L'une des caractéristiques les plus frappantes des cartes de tarot est leur riche symbolisme. Chaque carte est ornée d'images complexes, et les images elles-mêmes sont ancrées dans la tradition et le mysticisme. Le symbolisme du tarot puise dans un large éventail de sources, notamment l'astrologie, la numérologie, la Kabbale et diverses traditions mythologiques et religieuses. Dans la tradition Wiccan, ces symboles sont interprétés pour s'aligner sur les croyances et les intentions spirituelles du praticien. Par exemple, la carte Grande Prêtresse peut être associée à la déesse et à l'intuition féminine, tandis que la carte Soleil pourrait symboliser la croissance, la vitalité et la Roue de l'année.

Les cartes de tarot sont généralement utilisées en divination pour mieux comprendre le passé, le présent et le futur et demander des conseils et des éclaircissements sur des questions ou des problèmes spécifiques. Les wiccans utilisent souvent les lectures de tarot pour se connecter avec leurs divinités, leurs guides spirituels ou leur moi supérieur. Réaliser une lecture de tarot implique de mélanger les cartes tout en se concentrant sur la question ou le problème en question. Les cartes sont ensuite tirées et disposées selon un motif ou une planche spécifique. L'interprétation des cartes est un processus profondément intuitif, combinant la connaissance du praticien du symbolisme du tarot avec ses connaissances psychiques et sa connexion spirituelle.

Les jeux de tarot courants utilisés dans les pratiques wiccanes comprennent, entre autres, la croix celtique, l'arbre de vie et le jeu à trois cartes. Chaque page à un objectif et une présentation spécifiques, permettant aux praticiens d'explorer différents aspects de leur question ou de leur situation. Par exemple, le spread Celtic Cross offre une vue complète du passé, du présent et du futur, tandis que le spread Three-Card est souvent utilisé pour des informations rapides et ciblées.

Dans un contexte Wiccan, les cartes de tarot sont considérées comme un outil permettant d'améliorer la conscience spirituelle et la connexion avec le divin. De nombreux wiccans croient que les cartes peuvent servir de pont entre l'esprit conscient et inconscient, permettant une réflexion personnelle plus profonde et une croissance spirituelle. Grâce aux lectures de tarot, les pratiquants peuvent explorer leur moi intérieur, découvrir des motivations et des désirs cachés et mieux comprendre leur chemin spirituel. Les cartes de tarot sont considérées comme un miroir qui reflète les paysages intérieurs de l'âme, offrant des opportunités de découverte de soi et de transformation personnelle.

Le symbolisme des cartes de tarot s'aligne sur les croyances wiccanes sur les cycles de la nature, les éléments et l'interconnectivité de toute vie. Les cartes des Arcanes Majeurs, en particulier, correspondent souvent aux phases de la Lune et aux cycles de la Roue de l'Année, ce qui les rend particulièrement pertinentes pour la spiritualité Wiccan. Les cartes fournissent une représentation visuelle et symbolique de ces rythmes naturels, aidant les pratiquants à s'accorder aux énergies de la Terre et du cosmos.

De plus, les lectures de tarot peuvent être intégrées aux rituels wiccans et aux opérations magiques. Les pratiquants peuvent utiliser les cartes de tarot pour avoir un aperçu du meilleur moment pour lancer un sort, confirmer le succès du rituel ou recevoir les conseils de divinités ou de guides spirituels. Les cartes peuvent être incorporées dans des contextes rituels en tirant des cartes spécifiques dans le cadre d'une cérémonie ou en les utilisant pour aider à définir les intentions et à concentrer l'énergie. Cette intégration du tarot dans les pratiques wiccanes souligne leur polyvalence et leur adaptabilité au sein de la tradition.

Les considérations éthiques sont importantes dans la pratique des lectures de tarot au sein de la tradition wiccan. Tout comme dans d'autres aspects de la spiritualité Wiccan, les praticiens adhèrent au principe éthique de ne faire aucun mal lorsqu'ils effectuent des lectures de tarot. Ce principe guide les praticiens dans leur approche de la divination, en soulignant l'importance d'utiliser les cartes de tarot à des fins positives et responsabilisantes. Les wiccans évitent d'utiliser le tarot comme un outil de manipulation ou de préjudice aux autres et se concentrent plutôt sur la recherche de conseils, de clarté et de croissance personnelle.

De plus, les praticiens sont encouragés à aborder les lectures de tarot dans le respect du libre arbitre et de l'autonomie des individus qui recherchent des lectures. Les lecteurs de tarot éthiques obtiennent le consentement éclairé de leurs clients et n'utilisent pas les cartes pour s'introduire dans des questions privées ou sensibles sans autorisation. Cette position éthique s'aligne sur les principes de Wiccan de respect de l'autonomie individuelle et de croyance en l'importance de la responsabilité personnelle.

En conclusion, les cartes de tarot sont importantes dans la divination et les pratiques wiccanes. Enracinées dans des siècles d'histoire et de symbolisme, les cartes de tarot sont utilisées par les wiccans comme moyen de recherche de conseils, de perspicacité et de connexion spirituelle. Le riche symbolisme des cartes s'aligne sur les croyances wiccanes dans les cycles de la nature, les éléments et l'interconnectivité de toute vie. Les lectures de tarot offrent aux praticiens un outil puissant pour la découverte de soi, la croissance personnelle et l'exploration spirituelle, tandis que les considérations éthiques garantissent que leur utilisation est conforme aux principes wiccans de non-violence et de respect de l'autonomie individuelle. Alors que la Wicca continue d'évoluer et de s'adapter, les cartes de tarot restent un aspect précieux et vénéré de la boîte à outils spirituelle de la tradition.

## Runes

Les runes, anciens symboles de l'alphabet runique, occupent une place importante dans la divination et les pratiques spirituelles, y compris dans leur utilisation dans la Wicca. Ces symboles énigmatiques, gravés dans la pierre ou le bois, ont une histoire qui remonte aux premiers peuples germaniques et sont utilisés comme un outil pour rechercher des idées, des conseils et la découverte de soi. Les lectures de runes sont devenues une pratique respectée au sein de la tradition wiccan, offrant aux pratiquants un moyen de se connecter avec le monde spirituel, d'explorer leur moi intérieur et de chercher des réponses aux questions de la vie. Cette section explore le rôle des runes dans la divination et les pratiques wiccanes, en examinant leurs origines historiques, leur symbolisme, leurs méthodes d'interprétation et leur intégration dans la tapisserie plus large de la spiritualité wiccan.

Historiquement, les runes ont une histoire profondément enracinée qui remonte aux anciennes tribus germaniques. L'alphabet runique, connu sous le nom de Futhark, se compose de 24 symboles, chacun ayant sa signification et son son distincts. Initialement utilisées pour des inscriptions et à des fins magiques, ces premiers peuples considéraient les runes comme une écriture sacrée et puissante. Au fil du temps, les runes ont évolué vers un système de divination connu sous le nom de divination runique ou rune casting. Cette pratique consiste à lancer ou à dessiner des runes et à interpréter leur signification pour acquérir un aperçu du passé, du présent et du futur. Dans le contexte de la Wicca, les runes sont considérées comme un moyen de communication avec le monde spirituel et sont souvent utilisées pour la divination, la méditation et les opérations magiques.

Le symbolisme des runes est l'un de leurs aspects les plus intrigants. Chaque rune symbolise un concept, une force naturelle ou un principe cosmique. Par exemple, la rune « Fehu » représente la richesse, l'abondance et le gain matériel, tandis que « Raido » signifie le voyage, le progrès et la croissance personnelle. La signification des runes s'inspire de l'ancienne vision du monde germanique, profondément enracinée dans la nature et les cycles de la vie. Dans la tradition Wiccan, ces symboles sont interprétés pour s'aligner sur les croyances et les intentions spirituelles du praticien. Par exemple, la "rune Thurisaz », représentant le chaos et les forces destructrices, peut être associée aux défis et aux obstacles rencontrés sur le chemin spirituel.

Les lectures de runes, également connues sous le nom de rune casts, sont généralement effectuées avec un ensemble de pierres runiques ou de cartes, chacune marquée d'un symbole unique. Le processus consiste à extraire un nombre défini de runes d'une pochette ou d'un autre récipient, à les disposer selon un motif spécifique et à interpréter leur signification. L'interprétation des runes est un processus profondément intuitif, combinant la connaissance du praticien du symbolisme runique avec ses propres idées psychiques et sa connexion spirituelle.

Les spreads runiques typiques utilisés dans les pratiques wiccanes comprennent, entre autres, le spread à trois runes, le spread à neuf runes et la croix runique. Chaque page à un objectif et une présentation spécifiques, permettant aux praticiens d'explorer différents aspects de leur question ou de leur situation. Par exemple, la version à trois runes offre une réponse rapide et simple à une question spécifique, tandis que la version à neuf runes offre une vue plus complète du problème en question.

Dans un contexte Wiccan, les lectures de runes sont considérées comme un outil permettant d'améliorer la conscience spirituelle et la connexion avec le divin. De nombreux wiccans croient que les runes peuvent servir à puiser dans la sagesse collective de leurs ancêtres et à se connecter avec leurs divinités, leurs guides spirituels ou leur moi supérieur. Le processus de coulée et d'interprétation des runes est considéré comme une forme de méditation active, permettant aux pratiquants d'entrer dans un état de conscience accrue et de recevoir les conseils du monde spirituel.

De plus, le symbolisme des runes s'aligne sur les croyances wiccanes dans les cycles de la nature, les éléments et l'interdépendance de toute vie. Les runes elles-mêmes sont souvent associées aux éléments terre, eau, feu et air, reflétant le cadre cosmologique wiccan. Cette connexion aux éléments souligne la croyance en l'interaction entre les forces naturelles et les énergies spirituelles.

Les lectures de runes peuvent également être intégrées aux rituels wiccans et aux opérations magiques. Les praticiens peuvent utiliser des runes pour avoir un aperçu du meilleur moment pour un sort, confirmer le succès du rituel ou recevoir les conseils de divinités ou de guides spirituels. Les runes peuvent être incorporées dans des décors rituels en dessinant des runes spécifiques dans le cadre d'une cérémonie ou en les inscrivant sur des bougies, des outils ou d'autres objets magiques. Cette intégration des runes dans les pratiques wiccanes souligne leur polyvalence et leur adaptabilité au sein de la tradition.

Les considérations éthiques sont importantes dans la pratique des lectures de runes au sein de la tradition wiccan. Tout comme dans d'autres aspects de la spiritualité Wiccan, les praticiens adhèrent au principe éthique de ne faire aucun mal lorsqu'ils effectuent des lectures de runes. Ce principe guide les praticiens dans leur approche de la divination, en soulignant l'importance d'utiliser les runes à des fins positives et responsabilisantes. Les wiccans évitent d'utiliser les runes comme un outil de manipulation ou de nuire aux autres et se concentrent plutôt sur la recherche de conseils, de clarté et de croissance personnelle.

De plus, les praticiens sont encouragés à aborder les lectures de runes dans le respect du libre arbitre et de l'autonomie des individus qui recherchent des lectures. Les lecteurs de runes éthiques obtiennent le consentement éclairé de leurs clients et n'utilisent pas les runes pour s'immiscer dans des affaires privées ou sensibles sans autorisation. Cette position éthique s'aligne sur les principes de Wiccan de respect de l'autonomie individuelle et de croyance en l'importance de la responsabilité personnelle.

En conclusion, les runes tiennent une place importante dans la divination et les pratiques wiccanes. Enracinées dans l'histoire et le symbolisme germaniques anciens, les runes sont utilisées par les wiccans comme moyen de recherche de conseils, de perspicacité et de connexion spirituelle. Le riche symbolisme des runes s'aligne sur les croyances wiccanes dans les cycles de la nature, les éléments et l'interdépendance de toute vie. Les lectures de runes offrent aux praticiens un outil puissant pour la découverte de soi, la croissance personnelle et l'exploration spirituelle, tandis que les considérations éthiques garantissent que leur utilisation est alignée sur les principes Wiccan de ne faire aucun mal et de respecter l'autonomie individuelle. Alors que la Wicca continue d'évoluer et de s'adapter, les runes restent un aspect précieux et vénéré de la boîte à outils spirituelle de la tradition.

## Scrying et autres outils de divination

La divination, la pratique consistant à rechercher des idées et des conseils auprès de puissances supérieures ou du domaine spirituel, fait partie intégrante de la tradition wiccan. Bien que diverses méthodes de divination soient employées au sein de la Wicca, une approche particulièrement fascinante et mystique est la divination. La divination est une forme de divination qui consiste à regarder une surface réfléchissante ou réceptive pour recevoir des messages, des visions ou des symboles du monde spirituel. En plus de la divination, les wiccans utilisent divers autres outils de divination tels que des pendules, des cristaux et des miroirs. Cette section approfondit la pratique de la divination et l'utilisation d'autres outils de divination au sein de la tradition Wiccan, explorant leur histoire, leurs techniques, leur signification spirituelle et leur rôle dans l'amélioration de la connexion entre les praticiens et les forces invisibles de l'univers.

La divination, dérivée du vieil anglais « descry », signifiant révéler ou voir, est une méthode de divination ancienne et polyvalente. Ses origines remontent à de nombreuses cultures à travers l'histoire, comme les anciens Égyptiens, Grecs, Romains et druides celtiques. La scrutation implique généralement un médium de scrutation : une surface ou un objet doté de propriétés réfléchissantes ou réceptives. Les médiums de visualisation courants comprennent les boules de cristal, les miroirs, l'eau, le feu, la fumée et même la surface d'un bol noir rempli d'eau. Ces médiums servent de portail à travers lequel le praticien peut recevoir des messages intuitifs ou visionnaires.

L'un des outils les plus emblématiques associés à la divination est la boule de cristal. La recherche d'une boule de cristal consiste à regarder dans les profondeurs d'une sphère polie faite de quartz clair ou d'un autre type de cristal. Avec sa surface lisse et réfléchissante, la boule de cristal encourage le praticien à entrer dans un état altéré de conscience propice à la réception d'insights et de visions. Le processus commence généralement par une relaxation et une respiration ciblée pour apaiser l'esprit et l'ouvrir aux impressions qui peuvent survenir pendant la séance de divination.

Les wiccans utilisent souvent la divination pour obtenir des conseils, découvrir des connaissances cachées ou recevoir des messages du domaine spirituel. Les praticiens peuvent poser des questions ou chercher à obtenir des informations sur des situations ou des préoccupations spécifiques. Les images, symboles ou visions qui apparaissent lors de la divination sont interprétés intuitivement, en s'appuyant sur les facultés psychiques du praticien et sur les conseils d'entités ou de divinités spirituelles.

Les techniques employées pour la divination varient selon les praticiens, mais beaucoup impliquent un certain degré de transe ou d'état méditatif. Cet état modifié de conscience est souvent caractérisé par une conscience accrue, un sentiment de détachement du monde physique et une réceptivité accrue aux impressions intuitives. La divination est une expérience hautement personnelle et subjective, et les messages reçus peuvent être symboliques, énigmatiques ou très détaillés, selon l'individu et les circonstances spécifiques de la séance de divination.

Dans la tradition Wiccan, la divination répond à plusieurs objectifs. Il est couramment utilisé pour se connecter avec des divinités, des guides spirituels ou des ancêtres. En regardant un médium de divination, les praticiens peuvent rechercher des idées ou des messages de ces entités spirituelles, favorisant ainsi une connexion plus profonde avec le divin. La divination peut également être utilisée à des fins divinatoires, aidant les pratiquants à explorer le passé, le présent et le futur, ou à clarifier des questions ou des préoccupations spécifiques liées à leur chemin spirituel.

La divination est profondément liée au concept de « voile mince » dans la croyance wiccan, une notion qui suggère que certains moments ou états de conscience permettent une communication plus accessible entre le monde physique et le monde spirituel. À cette époque, le voile qui sépare le banal du mystique est considéré comme plus fin, ce qui permet aux praticiens de recevoir plus facilement des idées et des messages par le biais de la divination. Ces occasions incluent les phases de la Lune, en particulier les pleines et nouvelles lunes, ainsi que d'autres événements astrologiques et les changements de saisons.

En plus de la divination, les wiccans utilisent divers outils de divination pour rechercher des conseils et se connecter avec le monde spiriteul. L'un de ces outils est le pendule, un petit objet lesté suspendu à une chaîne ou à un cordon. La divination par pendule consiste à tenir le pendule par la chaîne et à lui poser des questions par oui ou par non. Le pendule répond en oscillant dans une direction particulière, ce qui est interprété comme une réponse du domaine spirituel. On pense que les mouvements du pendule sont influencés par le subconscient ou les énergies spirituelles du praticien.

Les cristaux, les pierres précieuses et les pierres sont également couramment utilisés comme outils de divination au sein de la Wicca. La divination par cristal consiste à sélectionner un cristal ou une pierre spécifique qui résonne avec la question ou l'intention du praticien. Le praticien peut ensuite tenir le cristal, méditer avec lui ou le disposer selon un motif spécifique à des fins de divination. On pense que l'énergie et les propriétés du cristal choisi fournissent des informations et des réponses aux questions du praticien.

Les miroirs, en particulier les miroirs noirs, sont un autre outil de divination populaire dans les pratiques wiccanes. La recherche par miroir noir consiste à regarder la surface réfléchissante d'un miroir noir, ce qui est censé aider le praticien à entrer dans un état méditatif et à accéder à des idées spirituelles. Comme dans une boule de cristal, les images et les symboles qui apparaissent dans le miroir sont interprétés intuitivement et peuvent offrir des conseils, des visions ou des messages du monde spirituel.

Les wiccans considèrent souvent ces outils de divination comme des moyens de rechercher des conseils et comme des instruments pour approfondir leur connexion avec les forces spirituelles à l'œuvre dans l'univers. Les cristaux, par exemple, incarneraient les énergies de la Terre et des éléments, ce qui en ferait de puissants outils de méditation, de rituel et de divination. Avec leurs mouvements réactifs, les pendules sont considérées comme un canal direct de communication avec le subconscient ou le monde spirituel.

Les considérations éthiques jouent un rôle essentiel dans l'utilisation des outils de divination au sein de la tradition wiccan. Les praticiens adhèrent au principe éthique de « ne faire aucun mal », garantissant que les pratiques divinatoires sont utilisées à des fins positives et responsabilisantes. La divination éthique respecte le libre arbitre et l'autonomie des individus qui recherchent des idées et des conseils. Les praticiens évitent d'utiliser des outils de divination pour manipuler ou contraindre les autres, se concentrant sur la clarté, l'autonomisation et le soutien à ceux qui recherchent leurs conseils.

En conclusion, la divination et autres outils de divination occupent une place importante dans le monde des pratiques wiccanes, offrant aux pratiquants un moyen de rechercher des conseils, de se connecter avec le monde spirituel et d'approfondir leur compréhension des forces invisibles de l'univers. L'utilisation d'outils de divination est profondément enracinée dans l'histoire et le symbolisme, et chaque outil a sa méthode de fonctionnement unique et sa signification spirituelle. La divination par les cristaux, les pendules et les miroirs, entre autres, offre aux wiccans un large éventail d'options pour rechercher des idées et se connecter avec le divin. Les considérations éthiques soulignent l'importance d'utiliser les outils de divination à des fins positives et responsabilisantes, en s'alignant sur le principe wiccan de « ne faire aucun mal » et sur la croyance dans le respect de l'autonomie individuelle. Alors que la Wicca continue d'évoluer et de s'adapter, les outils de divination restent des instruments précieux et vénérés dans la boîte à outils spirituelle de la tradition.

## Incorporer la divination dans la pratique wiccan

La Wicca, une tradition religieuse païenne moderne enracinée dans le culte de la nature et le respect du divin, englobe un large éventail de pratiques visant la croissance spirituelle, la connexion avec des puissances supérieures et la transformation personnelle. Parmi ces pratiques, la divination tient une place non négligeable. La divination est l'art de rechercher des idées, des conseils et des connaissances cachées à travers diverses méthodes, impliquant souvent des outils symboliques ou des processus intuitifs. Dans la tradition Wiccan, la divination est un moyen de se connecter avec le monde spirituel, de recevoir les conseils de divinités ou de guides spirituels et de clarifier son chemin spirituel. Cette section explore l'incorporation de la divination dans la pratique wiccan, en examinant ses racines historiques, son rôle dans la Wicca moderne, les diverses méthodes et outils utilisés et la signification spirituelle de la divination au sein de la tradition.

Historiquement, la divination est une pratique qui remonte à des millénaires et qui trouve ses racines dans diverses cultures et civilisations du monde entier. Les civilisations anciennes comme les Égyptiens, les Grecs, les Romains et les druides celtiques utilisaient diverses formes de divination pour chercher des réponses aux questions de la vie et accéder à des connaissances cachées. Dans bon nombre de ces cultures, la divination était considérée comme un moyen de se connecter avec le divin, de recevoir des messages de puissances supérieures et de naviguer dans les complexités de la vie. Lorsque la Wicca a émergé au milieu du XXe siècle, elle s'est inspirée de ces pratiques historiques et les a intégrées dans son cadre moderne.

L'un des aspects essentiels de la divination au sein de la tradition wiccan est son rôle dans la connexion avec le monde spirituel et l'accès à une sagesse supérieure. Les wiccans croient souvent en l'existence de divinités, de guides spirituels et d'ancêtres qui peuvent les guider et les soutenir dans leur voyage spirituel. La divination est un canal permettant d'établir une communication avec ces entités spirituelles, favorisant une connexion plus profonde et facilitant un échange bidirectionnel d'idées et de messages. Cette connexion s'aligne sur la croyance fondamentale de la Wicca dans l'immanence du divin dans la nature et l'interdépendance de toute vie.

L'intégration de la divination dans la pratique wiccan implique diverses méthodes et outils, chacun avec son symbolisme et ses techniques uniques. Certaines des méthodes les plus couramment utilisées comprennent la divination, les lectures de cartes de tarot, le lancement de runes, la divination par pendule et l'astrologie.

La divination, qui consiste à regarder une surface réfléchissante ou réceptive pour recevoir des visions ou des impressions, est une forme répandue de divination dans la Wicca. Les praticiens peuvent utiliser des boules de cristal, des miroirs, de l'eau, du feu ou d'autres médiums de visualisation pour entrer dans un état modifié de conscience et recevoir des idées intuitives. La divination est souvent utilisée pour explorer des vies antérieures, se connecter avec des guides spirituels ou rechercher des conseils sur des questions spirituelles.

Les lectures de cartes de tarot impliquent l'utilisation d'un jeu de 78 cartes, chacune avec son symbolisme et sa signification. Les lecteurs de tarot mélangent le jeu, tirent un jeu de cartes et interprètent leur symbolisme pour fournir un aperçu du passé, du présent ou du futur et des conseils sur des questions ou des problèmes spécifiques. Les lectures de tarot dans la Wicca intègrent souvent un symbolisme et des images qui correspondent aux croyances et intentions spirituelles du praticien.

Le moulage de runes, utilisant l'alphabet et les symboles runiques, est une autre forme ancienne de divination qui a trouvé sa place dans la pratique wiccan. Les runes sont généralement inscrites sur de petites pierres ou des morceaux de bois, et les praticiens les coulent ou les dessinent et interprètent leur signification pour mieux comprendre. La divination runique est souvent utilisée pour rechercher des conseils sur la croissance personnelle, les transitions de vie et le développement spirituel.

La divination par pendule consiste à utiliser un objet lesté suspendu à une chaîne ou à un cordon pour répondre à des questions par oui ou par non. On pense que les mouvements du pendule sont influencés par les énergies subconscientes ou spirituelles du praticien, répondant aux requêtes. Les pendules peuvent également localiser les centres énergétiques ou identifier les déséquilibres au sein du système énergétique du corps.

L'astrologie, un ancien système de divination basé sur les positions et les mouvements des corps célestes, est une autre méthode couramment adoptée par les wiccans. L'astrologie consiste à établir des thèmes de naissance et à analyser les positions planétaires pour mieux comprendre la personnalité, le chemin de vie et le potentiel spirituel d'un individu. Il est utilisé pour comprendre les influences astrologiques aux niveaux personnel et collectif.

Le choix de la méthode et des outils de divination dans la pratique wiccan dépend souvent des préférences personnelles, des connexions intuitives et des objectifs spirituels spécifiques du praticien. Chaque méthode a ses qualités et son symbolisme uniques, permettant aux praticiens d'explorer divers aspects de leur spiritualité et d'acquérir des connaissances de diverses manières.

La signification spirituelle de la divination au sein de la Wicca s'étend au-delà de l'acte de chercher des réponses ou des conseils. La divination est considérée comme une pratique sacrée et rituelle qui s'aligne sur les valeurs fondamentales de la Wicca, notamment le respect de la nature, les cycles de la vie et l'interconnexion de tous les êtres vivants. Grâce à la divination, les pratiquants réaffirment leur croyance en l'existence de puissances supérieures, de guides spirituels et d'une réalité spirituelle plus profonde qui transcende le monde matériel.

La divination joue également un rôle dans le respect de la Wicca pour les cycles de la Lune et des saisons, qui sont au cœur de la tradition. De nombreux wiccans font coïncider leurs pratiques de divination avec des phases lunaires spécifiques, telles que les pleines et les nouvelles lunes, ou pour s'aligner sur les changements de saisons. Ces moments sont considérés comme particulièrement propices à la divination, car ils renforceraient la connexion entre le pratiquant et le monde spirituel. L'utilisation de la divination comme outil pour s'aligner sur ces rythmes naturels souligne le profond respect de la Wicca pour les cycles de la nature et les énergies de la Terre.

De plus, la divination fait partie intégrante de la croissance personnelle et spirituelle de la Wicca. Il encourage les pratiquants à développer leurs capacités intuitives, à renforcer leur connexion avec leur moi supérieur et à approfondir leur compréhension des forces spirituelles à l'œuvre dans l'univers. La divination peut servir de moyen d'autoréflexion, de découverte de soi et d'autonomisation personnelle, offrant un aperçu de ses forces, de ses défis et de son potentiel de croissance.

Les considérations éthiques sont primordiales dans la pratique de la divination au sein de la tradition wiccan. Les praticiens adhèrent au principe éthique de « ne faire aucun mal », garantissant que les pratiques divinatoires sont utilisées à des fins positives et responsabilisantes. La divination éthique respecte le libre arbitre et l'autonomie des individus qui recherchent des idées et des conseils. Les praticiens évitent d'utiliser la divination comme outil de manipulation ou de coercition et se concentrent plutôt sur la clarté, l'autonomisation et le soutien à ceux qui recherchent leurs conseils.

En conclusion, intégrer la divination dans la pratique wiccan est une entreprise aux multiples facettes et spirituellement enrichissante. Cette pratique ancienne et diversifiée se connecte au monde spirituel, reçoit les conseils des divinités et des guides spirituels et acquiert un aperçu des questions personnelles et spirituelles. L'adoption de la divination par la Wicca reflète ses valeurs fondamentales de respect de la nature, d'interconnexion de toute vie et d'un profond respect pour les cycles de la Lune et des saisons. Que ce soit par la divination, les lectures de cartes de tarot, le lancer de runes, la divination par pendule, l'astrologie ou d'autres méthodes, la divination offre aux wiccans un outil profond pour la croissance personnelle et spirituelle, la découverte de soi et l'autonomisation, tout en adhérant aux principes éthiques de ne faire aucun mal et respect de l'autonomie individuelle. Alors que la Wicca continue d'évoluer et de s'adapter, la divination reste un aspect précieux et vénéré de la boîte à outils spirituelle de la tradition.

# CHAPITRE
# VIII
# Éthique et
# responsabilité Wiccan

## La Rédemption Wiccan

Au sein des traditions païennes et de sorcellerie modernes, le Wiccan Rede constitue l'un des principes éthiques fondamentaux guidant les pratiques et les croyances de la Wicca. Le terme « red » vient du moyen anglais et signifie « conseil » ou « conseil ». Le Wiccan Rede est souvent résumé dans une phrase concise et mémorable : « Si cela ne fait de mal à personne, faites ce que vous voulez. » Cette déclaration simple mais complexe sert de boussole morale aux wiccans, soulignant l'importance de la prise de décision éthique, de la responsabilité personnelle et de l'engagement à ne causer aucun préjudice. Dans cette section, nous approfondirons les origines, les interprétations et la signification du Wiccan Rede, en explorant comment il façonne le paysage moral et éthique de la pratique wiccan.

Le Wiccan Rede trouve ses racines au milieu du XXe siècle, lorsque la Wicca commençait à prendre forme en tant que tradition religieuse moderne. L'une des figures critiques reconnues pour avoir popularisé le Rede est Doreen Valiente, une éminente prêtresse et écrivain Wiccan qui a travaillé en étroite collaboration avec Gerald Gardner, souvent appelé le Père de la Wicca. Valiente est connue pour ses contributions au Livre des Ombres, un texte fondateur de la pratique wiccan, et on pense qu'elle a élaboré la version du Rede qui est devenue largement reconnue dans la Wicca moderne.

Le principe central du Wiccan Rede, « Ne faites de mal à personne, faites ce que vous voulez », reflète l'idée que les individus ont la liberté d'agir selon leur propre volonté et leurs désirs tant que leurs actions ne causent pas de préjudice aux autres ou à eux-mêmes. . Ce principe encourage les Wiccans à faire preuve de responsabilité personnelle et de discernement éthique dans leurs choix et leurs actions. Il souligne l'importance de considérer les conséquences potentielles de ses actes tant au niveau personnel que collectif.

Le concept de « ne faire aucun mal » au sein du Rede comporte de multiples facettes et englobe les dommages physiques et les dommages émotionnels, psychologiques et spirituels. Les wiccans sont encouragés à peser soigneusement le préjudice potentiel de leurs actions, en considérant non seulement les effets immédiats mais également les conséquences à long terme. Ce cadre éthique met l'accent sur l'empathie, la compassion et un profond respect pour l'interdépendance de toute vie.

Interpréter et appliquer le Wiccan Rede peut être une entreprise complexe et nuancée. La Wicca est une tradition diversifiée et décentralisée, et les individus et les clans peuvent avoir leurs interprétations et compréhensions du Rede. Certains praticiens interprètent « et ne nuira à personne » comme une interdiction absolue de causer un préjudice en toutes circonstances, tandis que d'autres y voient un principe directeur qui encourage à minimiser les dommages autant que possible, mais reconnaît que certaines actions peuvent entraîner un préjudice inévitable.

L'éthique wiccan implique souvent un processus de prise de décision éthique et un engagement envers un auto-examen éthique. Les pratiquants peuvent utiliser le Raide comme un outil de réflexion morale, en se posant des questions telles que : « Cette action nuira-t-elle à quelqu'un, y compris à moi-même ? » et « Existe-t-il des actions alternatives qui causeraient moins de dommages ? » Ce processus de réflexion et de discernement s'aligne sur l'accent mis par la Wicca sur la croissance personnelle, la conscience de soi et le développement spirituel.

L'accent mis par le Wiccan Rede sur la responsabilité personnelle s'étend aux conséquences de ses actes. Les wiccans sont encouragés à assumer la responsabilité des résultats de leurs choix et à faire amende honorable ou à rechercher la réconciliation lorsqu'un mal a été causé. Cet engagement envers la responsabilité et la croissance éthique est considéré comme une partie essentielle du voyage spirituel dans la Wicca.

Le cadre éthique fourni par le Wiccan Rede influence profondément divers aspects de la pratique wiccan. Un domaine notable dans lequel le Rede joue un rôle important est celui des sorts et de la magie. La magie wiccan est souvent pratiquée dans un profond respect des directives éthiques du Rede. Les lanceurs de sorts sont encouragés à considérer attentivement l'intention de leurs sorts et leurs conséquences potentielles. Bien que la magie puisse être un outil puissant de transformation et de manifestation, les wiccans apprennent qu'elle ne doit pas être utilisée à des fins nuisibles ou manipulatrices.

Le Rede explique également comment les Wiccans abordent leurs relations avec les autres et le monde qui les entoure. Il encourage la gentillesse, l'empathie et l'engagement à la non-ingérence dans les choix et les chemins des autres. Les wiccans s'efforcent de vivre en harmonie avec la nature et de protéger et préserver la Terre, car nuire à l'environnement est considéré comme une violation du Rede.

Il est important de noter que le Wiccan Rede n'est pas un code moral rigide mais plutôt un principe directeur permettant une interprétation et une adaptation individuelles. La Wicca est une tradition diversifiée et évolutive, et l'application du Rede peut varier selon les pratiquants et les convives. Certains wiccans peuvent choisir de modifier le Rede pour mieux refléter leurs croyances personnelles ou les besoins spécifiques de leur pratique spirituelle.

En plus du Wiccan Rede, la tradition comprend également la « loi triple » ou « loi du retour », qui postule que l'énergie que l'on envoie dans le monde, que ce soit par des actions ou par la magie, leur revient triple. Ce concept renforce l'idée de responsabilité personnelle et souligne la conviction que nos actes ont des conséquences positives ou négatives.

Le Wiccan Rede a joué un rôle crucial dans l'élaboration du paysage moral et éthique de la Wicca, en fournissant aux praticiens un principe directeur qui met l'accent sur la responsabilité personnelle, la prise de décision éthique et l'engagement à ne causer aucun préjudice. Bien que les interprétations et les applications du Rede puissent varier selon les individus et les clans, son message fondamental de vivre en harmonie avec les autres et avec le monde naturel reste un principe central de la spiritualité wiccan. Alors que la Wicca continue d'évoluer et de s'adapter, le Wiccan Rede reste un fondement éthique précieux et durable qui reflète le profond respect de la tradition pour l'interdépendance de toute vie.

## La triple loi

La triple loi est un principe éthique fondamental dans la pratique de la Wicca, une tradition païenne et de sorcellerie moderne qui met l'accent sur le respect de la nature, des cycles de la vie et de l'interdépendance de tous les êtres vivants. Ce principe est souvent énoncé succinctement : « Tout ce que vous envoyez dans l'univers, qu'il soit positif ou négatif, vous reviendra triplement. » La triple loi sert de boussole morale aux wiccans, guidant leurs actions, leurs décisions et leurs pratiques magiques, sachant que l'énergie qu'ils projettent dans le monde leur reviendra, amplifiée en intensité. Dans cette section, nous explorerons les origines, les interprétations et la signification de la Loi Triple, en approfondissant la manière dont elle façonne le paysage éthique et magique de la pratique wiccan.

Le concept de la loi triple est profondément enraciné dans les origines de la Wicca au milieu du XXe siècle et a été popularisé par des personnalités telles que Gerald Gardner et Doreen Valiente. Il est souvent associé au regain d'intérêt pour la sorcellerie et le paganisme au milieu du XXe siècle, ainsi qu'à l'émergence des traditions wiccanes modernes. Bien que l'expression « loi triple » soit couramment utilisée, le principe lui-même se retrouve sous diverses formes dans différentes cultures et traditions spirituelles. L'idée selon laquelle nos actions ont des conséquences positives ou négatives est un concept humain fondamental qui transcende toute tradition religieuse ou philosophique.

À la base, la triple loi met l'accent sur l'interdépendance de toute vie et sur la conviction que nos actions ont un effet d'entraînement sur l'univers. Il reflète le principe de cause à effet, suggérant que l'énergie et les intentions que l'on met dans le monde finiront par y revenir, amplifiées trois fois. Ce concept encourage les Wiccans à faire preuve de discernement éthique, de pleine conscience et de responsabilité personnelle dans leurs pensées, leurs paroles et leurs actions. Cela souligne l'importance de considérer les conséquences potentielles de ses choix et de ses comportements, tant dans l'immédiat qu'à long terme.

Interpréter la triple loi peut être une entreprise nuancée et subjective. Bien que le concept lui-même soit simple, son application peut varier selon les praticiens individuels et au sein des différentes traditions wiccanes. Certains wiccans interprètent la loi triple comme une loi universelle du karma, suggérant que les conséquences de nos actions ne sont pas toujours immédiates mais finissent par se concrétiser. D'autres y voient une ligne directrice en matière de comportement éthique, soulignant l'importance d'agir avec gentillesse, compassion et intégrité dans tous les aspects de la vie.

L'aspect « triple » de la loi implique que les conséquences de nos actes seront trois fois plus importantes que l'action initiale. Par exemple, si l'on accomplit un acte de gentillesse bienveillant, l'énergie positive générée lui reviendra avec encore plus de force. À l'inverse, si l'on adopte un comportement nuisible ou négatif, les répercussions seront également trois fois plus puissantes. On pense que cette multiplication de l'énergie est une conséquence naturelle de l'interconnexion de toute vie et du principe selon lequel l'énergie attire comme l'énergie.

Dans le contexte de la pratique magique, la triple loi revêt une importance particulière. La magie wiccan, souvent appelée sorcellerie ou sortilège, est considérée comme un moyen d'exploiter et de diriger l'énergie pour obtenir les résultats souhaités. Les pratiquants croient que lorsqu'ils exécutent des sorts ou des rituels, l'énergie qu'ils libèrent dans l'univers leur revient triple. Cette croyance souligne l'importance d'utiliser la magie à des fins positives et constructives, ainsi que la responsabilité qui accompagne l'exercice du pouvoir magique.

Les wiccans qui s'adonnent à la magie sont encouragés à considérer les implications éthiques de leurs intentions et à s'assurer que leurs opérations magiques s'alignent sur les principes de la Loi Triple. Cette approche éthique de la magie met l'accent sur l'utilisation de sorts pour la guérison, la croissance personnelle, la protection et la transformation positive, plutôt que pour la manipulation, le mal ou à des fins contraires à l'éthique. Cela encourage également les praticiens à considérer les conséquences potentielles de leurs sorts sur eux-mêmes, sur les autres et sur le monde naturel.

L'influence de la Loi Triple s'étend au-delà du domaine de la pratique magique. Cela façonne également la manière dont les Wiccans abordent leurs relations avec les autres et le monde qui les entoure. Les wiccans s'efforcent de vivre en harmonie avec la nature et de protéger et préserver la Terre, car nuire à l'environnement est considéré comme une violation de la triple loi. Cet engagement en faveur de la responsabilité environnementale s'aligne sur le respect de la Wicca pour les cycles de la nature et l'interconnectivité de toute vie.

De plus, la triple loi encourage les wiccans à considérer le préjudice ou le bénéfice potentiel de leurs actions dans les relations interpersonnelles. Cela favorise un sentiment d'empathie, de compassion et de respect du libre arbitre et de l'autonomie des autres. Les praticiens sont conscients de l'énergie qu'ils projettent dans leurs interactions avec les autres, reconnaissant que leurs paroles et leurs actions peuvent avoir un impact positif ou négatif significatif.

Il est important de noter que la triple loi n'est pas une règle rigide et inflexible, mais plutôt un principe directeur permettant une interprétation et une adaptation individuelles. La Wicca est une tradition diversifiée et évolutive, et les interprétations de la Loi Triple peuvent varier selon les pratiquants et au sein de différentes conventions et traditions. Alors que certains peuvent y voir une loi universelle aux conséquences strictes, d'autres peuvent l'interpréter comme une ligne directrice en matière de comportement éthique et de croissance personnelle.

En conclusion, la triple loi est un principe éthique fondamental de la Wicca qui souligne la croyance en l'interdépendance de toute vie et les conséquences de nos actions. Il sert de boussole morale, guidant les Wiccans à agir avec pleine conscience, compassion et responsabilité personnelle dans leurs pensées, leurs paroles et leurs actions. Qu'elle soit appliquée aux pratiques magiques, aux relations interpersonnelles ou à la gestion de l'environnement, la triple loi façonne le paysage éthique et magique de la Wicca, en soulignant l'importance d'utiliser son pouvoir et son influence à des fins positives et constructives. Alors que la Wicca continue d'évoluer et de s'adapter, la triple loi reste un fondement éthique précieux et durable qui reflète le profond respect de la tradition pour l'interdépendance de toute vie.

## Éthique dans le lancer de sorts

Le lancement de sorts est un aspect central et distinctif de la pratique wiccan, une tradition païenne et de sorcellerie moderne qui met l'accent sur le culte de la nature, les cycles de la vie et le respect du divin au sein de tous les êtres vivants. Cela implique d'exploiter et de diriger l'énergie pour manifester des intentions ou des désirs spécifiques, que ce soit à des fins de guérison, de protection, de croissance personnelle ou à d'autres fins. Cependant, la pratique du lancement de sorts n'est pas entreprise à la légère dans la Wicca, car elle est liée par un ensemble de principes éthiques qui guident la manière dont la magie est utilisée et les intentions qui la sous-tendent. Cette section explore l'éthique du lancement de sorts dans la Wicca, en examinant le cadre moral qui régit la pratique magique, les principes qui la sous-tendent et l'importance des considérations éthiques dans le lancement de sorts.

Au cœur du cadre éthique du lancement de sorts dans la Wicca se trouve la croyance en l'interconnexion de toute vie et la compréhension que l'énergie que l'on met dans le monde leur reviendra finalement, amplifiée en intensité. Cette croyance s'aligne sur le concept de la loi triple, qui stipule que toute énergie ou intention envoyée dans l'univers, qu'elle soit positive ou négative, reviendra triple. Ce principe souligne l'importance d'utiliser la magie à des fins positives et constructives tout en adhérant à un code d'éthique strict.

L'un des principes fondamentaux du lancement de sorts éthique est l'engagement à ne causer aucun préjudice. Ce principe est souvent résumé dans le Wiccan Rede, qui déclare : « Si cela ne fait de mal à personne, faites ce que vous voulez ». Il souligne l'importance de considérer les conséquences potentielles de ses travaux magiques tant au niveau personnel que collectif. Les lanceurs de sorts sont encouragés à peser soigneusement le préjudice potentiel de leurs actions, en considérant les effets immédiats et les répercussions à long terme.

Le concept de « préjudice » dans le contexte du lancement de sorts éthiques comporte de multiples facettes et englobe le préjudice physique, émotionnel, psychologique et spirituel. Les praticiens sont appelés à faire preuve d'empathie, de compassion et de respect pour l'interdépendance de toute vie. Ce cadre éthique décourage l'utilisation de la magie à des fins nuisibles, manipulatrices ou coercitives, comme causer des maladies, des malheurs ou des souffrances à autrui.

Un autre principe fondamental du lancement de sorts éthique est l'importance du consentement éclairé. Les praticiens sont invités à obtenir le consentement de toute personne susceptible d'être affectée par leurs opérations magiques, en particulier lorsque le sort implique d'autres personnes. Le consentement éclairé garantit que les individus ont l'autonomie nécessaire pour faire des choix concernant leur propre vie et leur destin et renforce la croyance en l'importance de la responsabilité personnelle.

Les lanceurs de sorts éthiques adhèrent également à un code strict de confidentialité. Les opérations magiques, les intentions et les désirs des individus sont considérés comme hautement personnels et privés. Les praticiens sont tenus de respecter la confidentialité de leurs clients ou de ceux qui sollicitent leur aide magique, en veillant à ce que leurs informations personnelles et leurs vulnérabilités ne soient pas divulguées sans autorisation.

La transparence et l'honnêteté sont valorisées dans le lancement de sorts éthiques. Les praticiens doivent être ouverts et honnêtes quant à leurs compétences, capacités et limites. Cela implique d'être franc sur les résultats potentiels d'un sort, car la magie n'est pas toujours prévisible et il n'y a aucune garantie de succès.

L'engagement envers le lancement de sorts éthique s'étend à l'utilisation d'outils, de correspondances et de symboles magiques. Les praticiens sont invités à utiliser ces éléments d'une manière qui correspond à leurs intentions et à leurs principes éthiques. Par exemple, le choix des herbes, des cristaux ou des symboles dans un sort doit être fait en tenant compte de leur signification spirituelle et des conséquences potentielles de leur utilisation.

Le cadre éthique du lancement de sorts souligne également l'importance de l'auto-examen et du discernement éthique. Les praticiens sont encouragés à réfléchir à leurs intentions et à leurs désirs, en se demandant s'ils correspondent à leurs valeurs spirituelles et à leurs principes éthiques. Ce processus d'auto-examen permet aux lanceurs de sorts de s'assurer que leurs opérations magiques sont en harmonie avec leur moi supérieur et la boussole morale de leur tradition.

En plus des principes éthiques mentionnés ci-dessus, le lancement de sorts éthique est guidé par un sens des responsabilités. Les pratiquants reconnaissent qu'ils sont responsables des conséquences de leurs actions magiques et sont prêts à assumer la responsabilité des résultats positifs ou négatifs. Cet engagement envers la responsabilité favorise la croissance personnelle, la conscience de soi et la maturité éthique.

Les considérations éthiques liées au lancement de sorts s'étendent également à l'utilisation de la magie à des fins personnelles. Bien qu'il ne soit pas contraire à l'éthique d'utiliser la magie à son propre bénéfice, les praticiens sont encouragés à considérer les conséquences possibles de leurs actions sur les autres et l'équilibre de leurs intentions. L'usage égoïste ou manipulateur de la magie est déconseillé, tandis que les lanceurs de sorts éthiques cherchent à créer un équilibre harmonieux entre leurs désirs personnels et le bien commun.

Le cadre éthique du lancement de sorts dans la Wicca reconnaît également que la magie est un outil de transformation et d'autonomisation. Il encourage les pratiquants à utiliser la magie pour améliorer leur vie, favoriser leur croissance personnelle et réaliser un changement positif. Les lanceurs de sorts éthiques cherchent à se donner les moyens, ainsi qu'aux autres, de surmonter les obstacles, de manifester leurs intentions et de réaliser leur plein potentiel.

Le lancement de sorts éthique est un ensemble de lignes directrices et un engagement spirituel et moral. Les pratiquants considèrent leur pratique magique comme une partie intégrante de leur voyage spirituel, un moyen de se connecter avec le divin et un moyen de s'aligner sur les rythmes naturels de l'univers. Les considérations éthiques liées au lancement de sorts renforcent la croyance en l'interconnexion de toute vie et la responsabilité de contribuer positivement à l'énergie collective du monde.

En conclusion, l'éthique du lancement de sorts constitue un aspect vital et intégral de la pratique wiccan, façonnant le paysage moral et magique de la tradition. Le cadre éthique du lancement de sorts met l'accent sur des principes tels que l'absence de préjudice, le consentement éclairé, la confidentialité, la transparence et la responsabilité personnelle. Ces principes guident les praticiens dans leurs travaux magiques, les encourageant à utiliser la magie à des fins positives et constructives tout en adhérant à un code d'éthique strict. Le lancement de sorts éthique est un ensemble de lignes directrices et un engagement spirituel qui renforce la croyance en l'interdépendance de toute vie et l'importance de la responsabilité personnelle dans l'élaboration de son destin. Alors que la Wicca continue d'évoluer et de s'adapter, les principes éthiques du lancement de sorts restent un fondement précieux et durable de la pratique magique de la tradition.

## Équilibrer le pouvoir personnel et la responsabilité

La Wicca, une tradition païenne et sorcellerie moderne, met fortement l'accent sur le pouvoir personnel, la découverte de soi et la réalisation de son potentiel. À la base, la Wicca encourage les individus à se connecter avec leur force intérieure, à exploiter leurs capacités inhérentes et à manifester leurs intentions à travers diverses pratiques magiques. Cependant, ce parcours d'autonomisation est intimement lié à un profond sens des responsabilités. Dans la Wicca, le pouvoir personnel n'autorise pas un comportement imprudent ou contraire à l'éthique ; cela s'accompagne plutôt d'un engagement en faveur d'une conduite éthique, d'une responsabilité et d'un profond respect pour l'interdépendance de toute vie. Cette section explore l'équilibre délicat entre le pouvoir personnel et la responsabilité dans la Wicca, examinant comment les pratiquants naviguent dans cette dynamique et l'importance de maintenir cet équilibre dans leur voyage spirituel et magique.

Au cœur du système de croyance Wiccan se trouve le concept selon lequel chaque individu possède un pouvoir unique et inné connecté au monde divin et naturel. Ce pouvoir, souvent appelé « pouvoir personnel » ou « pouvoir intérieur », est considéré comme une source d'énergie et de potentiel qui peut être exploité et dirigé vers diverses intentions, que ce soit pour la croissance personnelle, la guérison, la protection ou à d'autres fins. Les pratiques wiccanes, notamment les sports, les rituels, la méditation et la manipulation énergétique, sont conçues pour aider les praticiens à exploiter et à développer ce pouvoir personnel.

Le pouvoir personnel n'est pas une force extérieure mais un aspect intégral de l'être, enraciné dans la croyance que le divin est immanent à tous les êtres vivants. Cette perspective souligne l'accent mis par la Wicca sur la découverte de soi et l'autonomisation, encourageant les individus à explorer leurs paysages intérieurs, leurs forces et leur potentiel.

Cependant, l'autonomisation de la Wicca n'est pas un appel à l'auto-indulgence ou à un ego incontrôlé. Comme indiqué dans le Wiccan Rede, les praticiens sont guidés par des principes éthiques ainsi que par un engagement à ne causer aucun mal, qui stipule : « Si cela ne fait de mal à personne, faites ce que vous voulez ». Ce principe souligne l'importance de considérer les conséquences potentielles de ses actes tant au niveau personnel que collectif. Dans le contexte de la Wicca, le pouvoir personnel est soumis à un profond sens des responsabilités.

L'un des moyens par lesquels les Wiccans équilibrent pouvoir personnel et responsabilité consiste à recourir au discernement éthique. Les praticiens sont encouragés à réfléchir à leurs intentions et à leurs désirs, en se demandant s'ils correspondent à leurs valeurs spirituelles et à leurs principes éthiques. Le discernement éthique est un processus d'auto-examen qui garantit que le pouvoir personnel est exercé avec pleine conscience et avec un sentiment de responsabilité.

De plus, la Wicca enseigne l'importance du consentement éclairé dans toutes les pratiques magiques et rituelles. Ce principe souligne que tout travail magique ou intervention spirituelle doit avoir la permission de toutes les personnes impliquées. Il reconnaît l'autonomie et le libre arbitre de chaque personne et renforce la conviction que le pouvoir personnel ne doit jamais être utilisé pour manipuler ou contraindre autrui.

La transparence et l'honnêteté sont très appréciées dans la pratique wiccan. Les praticiens doivent être ouverts et honnêtes quant à leurs compétences, capacités et limites. Cela implique d'être franc sur les résultats potentiels des opérations magiques, car la magie n'est pas toujours prévisible et il n'y a aucune garantie de succès.

La Wicca accorde également une grande importance au concept de responsabilité. Les praticiens sont censés assumer la responsabilité des conséquences de leurs actes, que ce soit dans le cadre de la magie ou dans la vie quotidienne. Cet engagement envers la responsabilité favorise la croissance personnelle, la conscience de soi et la maturité éthique.

Une autre façon d'équilibrer le pouvoir personnel et la responsabilité dans la Wicca consiste à reconnaître l'interdépendance de toute vie. Les wiccans croient que tout est lié et que leurs actions ont un effet d'entraînement sur l'univers. Cette croyance s'aligne sur le concept de la loi triple, qui stipule que toute énergie ou intention envoyée dans l'univers, qu'elle soit positive ou négative, reviendra triple. Cela souligne l'importance d'utiliser le pouvoir personnel à des fins positives et constructives tout en adhérant à un code d'éthique strict.

L'interdépendance de toute vie est un principe fondamental de la Wicca et encourage les pratiquants à aborder leurs relations avec les autres et le monde qui les entoure avec empathie, compassion et respect. Les wiccans s'efforcent de vivre en harmonie avec la nature et de protéger et préserver la Terre, car nuire à l'environnement est considéré comme une violation de leurs principes éthiques.

Outre les aspects éthiques, la Wicca souligne également l'importance de l'harmonie et de l'équilibre dans son propre pouvoir. Le concept d'équilibre se reflète dans la Roue Wiccan de l'année, qui célèbre le changement des saisons et les cycles de la nature. Les praticiens reconnaissent qu'il existe des temps pour agir et des temps pour réfléchir, des temps pour donner et des temps pour recevoir, et que le pouvoir personnel doit être utilisé en harmonie avec ces rythmes naturels.

L'harmonie s'étend également à l'équilibre entre les éléments au sein de la pratique wiccan. La Wicca travaille souvent avec les quatre éléments classiques – Terre, Air, Feu et Eau – et les pratiquants cherchent à équilibrer ces éléments en eux-mêmes et dans leurs fonctionnements magiques. Cet équilibre d'éléments reflète un thème plus large de l'équilibre dans la Wicca, encourageant les pratiquants à trouver l'harmonie en eux-mêmes et dans leurs interactions avec les autres et le monde.

En conclusion, équilibrer le pouvoir personnel et la responsabilité est un aspect fondamental de la pratique wiccan, façonnant le paysage moral et magique de la tradition. L'autonomisation offerte par la Wicca n'est pas un appel à l'autosatisfaction mais un voyage de découverte de soi et d'autonomisation enraciné dans des principes éthiques et un engagement à ne causer aucun mal. Les wiccans naviguent dans cet équilibre délicat grâce au discernement éthique, au consentement éclairé, à la transparence, à l'honnêteté, à la responsabilité et à un profond respect pour l'interdépendance de toute vie. Reconnaître l'interaction entre le pouvoir personnel et la responsabilité enrichit le voyage spirituel et magique des Wiccans, renforçant leur croyance dans le divin en eux-mêmes et l'importance d'utiliser le pouvoir personnel à des fins positives et constructives. Alors que la Wicca continue d'évoluer et de s'adapter, cet équilibre reste un fondement précieux et durable de la pratique spirituelle et magique de la tradition.

# CHAPITRE
# IX
## La Wicca dans la vie moderne

## Wicca et vie quotidienne

La Wicca, une tradition païenne et sorcellerie moderne enracinée dans le culte de la nature, a un impact profond sur la vie de ses pratiquants. Loin de se limiter aux rituels et cérémonies, la Wicca encourage ses adeptes à intégrer leurs croyances et pratiques spirituelles dans leur vie quotidienne. Cette intégration ne se limite pas à des moments ou à des occasions spécifiques mais s'étend à la manière dont les Wiccans abordent le monde, leurs relations, leurs choix éthiques et leur lien avec le monde naturel. Dans cette section, nous explorons comment la Wicca influence et améliore la vie quotidienne, en mettant l'accent sur l'intégration de la spiritualité dans les aspects banaux de la vie et sur la transformation profonde qu'elle peut apporter.

Au cœur de la spiritualité wiccan se trouve la croyance en l'interdépendance de toute vie et la reconnaissance du divin au sein de tous les êtres vivants. Ce principe fondamental encourage les praticiens à aborder le monde avec révérence et respect. La nature, en particulier, occupe une place particulière dans la Wicca, et de nombreux wiccans cultivent un lien profond avec le monde naturel comme partie intégrante de leur vie quotidienne. Cette connexion inclut souvent des activités telles que passer du temps à l'extérieur, observer les changements de saisons et s'occuper des jardins ou des espaces naturels. En s'immergeant dans la nature, les Wiccans acquièrent une plus grande appréciation de la beauté ainsi que de la complexité de la Terre, favorisant ainsi un sentiment d'harmonie et d'équilibre dans leurs expériences quotidiennes.

L'accent mis par la Wicca sur les cycles de la Lune et les saisons intègre davantage la spiritualité dans la vie quotidienne. De nombreux wiccans accordent une attention particulière aux phases de la Lune, alignant leurs activités et leurs intentions sur le calendrier lunaire. La Nouvelle Lune, la Pleine Lune et les autres phases lunaires sont des occasions de rituels, de sortilèges et de réflexion personnelle. De même, la Roue de l'Année, qui célèbre le changement des saisons, les solstices et les équinoxes, offre l'occasion de festivals et de rassemblements qui relient les Wiccans aux rythmes naturels de la Terre. Ces célébrations marquent le passage du temps et approfondissent le lien entre les pratiquants et la signification spirituelle des changements de saisons.

Un autre aspect fondamental de l'intégration de la Wicca dans la vie quotidienne est la pratique de la pleine conscience. La pleine conscience implique d'être pleinement présent dans l'instant présent, avec une conscience de ses pensées, de ses sentiments et de son environnement. Les wiccans intègrent souvent la pleine conscience dans leurs routines et activités quotidiennes, l'utilisant pour approfondir leur lien spirituel et favoriser leur croissance personnelle. En pratiquant la pleine conscience, les wiccans peuvent devenir plus à l'écoute d'eux-mêmes et des énergies du monde naturel, conduisant à une plus grande clarté, une plus grande compréhension et une transformation personnelle.

Les considérations éthiques constituent un aspect primordial de l'influence de la Wicca sur la vie quotidienne. Les wiccans adhèrent à un code d'éthique strict qui met l'accent sur le fait de ne pas nuire, de respecter le libre arbitre et l'autonomie d'autrui et d'agir avec gentillesse et compassion. Ces principes éthiques s'étendent à la manière dont les praticiens interagissent quotidiennement avec les autres. Les wiccans s'efforcent de traiter les autres avec respect et empathie, en pratiquant le non-jugement et en honorant la diversité. Ils sont conscients des conséquences possibles de leurs actions et de leurs choix, tant pour eux-mêmes que pour le monde en général. Les wiccans cherchent à créer un monde plus harmonieux et plus compatissant en intégrant ces principes éthiques dans leurs interactions quotidiennes.

La spiritualité pratique est une autre dimension de l'impact de la Wicca sur la vie quotidienne. Les wiccans intègrent souvent des pratiques spirituelles, telles que la méditation, la visualisation ou le travail énergétique, dans leur routine quotidienne. Ces pratiques servent de moyen de centrage, d'ancrage et de connexion avec le divin en eux-mêmes et dans l'univers. En consacrant du temps chaque jour aux pratiques spirituelles, les wiccans approfondissent leur relation avec leur moi intérieur et le monde spirituel, renforçant ainsi leur sens du but et leur paix intérieure.

L'utilisation de symboles, de correspondances et d'outils magiques est une manière courante par laquelle la Wicca influence la vie quotidienne. Les wiccans intègrent souvent ces éléments dans leur vie quotidienne, les utilisant comme rappels de leurs croyances et intentions spirituelles. Par exemple, le pentacle, une étoile à cinq branches dans un cercle, est un symbole Wiccan largement reconnu représentant les éléments Terre, Air, Feu, Eau et Esprit. De nombreux wiccans portent des bijoux pentacles ou ont des décorations pentacles dans leur maison pour symboliser leur foi et leur lien avec le divin. De même, l'utilisation de cristaux, d'herbes et d'encens dans les rituels quotidiens ou dans le cadre de la vie quotidienne sert à s'aligner sur des énergies et des intentions spécifiques.

L'autonomisation personnelle est un thème central de la Wicca, qui s'étend à la vie quotidienne. Les wiccans sont encouragés à prendre leur vie en main, à prendre des décisions qui correspondent à leurs valeurs spirituelles et à manifester leurs intentions par divers moyens, y compris des pratiques magiques. Cette autonomisation peut avoir un impact profond sur la façon dont les Wiccans abordent les défis, se fixent des objectifs et affrontent les complexités de la vie. En reconnaissant leur pouvoir et leur potentiel intérieurs, les praticiens acquièrent un plus grand sentiment d'action et de résilience dans leurs expériences quotidiennes.

Les relations jouent un rôle important dans l'intégration de la Wicca dans la vie quotidienne. Les wiccans entretiennent souvent des relations avec des individus partageant les mêmes idées, formant des conventions ou des communautés spirituelles pour partager leurs croyances, leurs pratiques et leurs expériences. Ces relations apportent du soutien, des encouragements et un sentiment d'appartenance, enrichissant le cheminement spirituel des praticiens. De plus, les principes éthiques de la Wicca influencent la manière dont les Wiccans interagissent avec les membres de leur famille, leurs amis, leurs collègues et les étrangers, favorisant ainsi un sentiment d'harmonie, de respect et d'empathie dans leurs relations.

L'intégration de la Wicca dans la vie quotidienne ne se limite pas à des moments ou à des pratiques spécifiques mais constitue une approche continue et holistique de la vie. Cela implique un profond respect pour la nature, la pleine conscience, des considérations éthiques, une spiritualité pratique, l'utilisation de symboles et de correspondances, l'autonomisation personnelle et la culture de relations significatives. En adoptant ces éléments, les wiccans enrichissent leurs expériences quotidiennes et approfondissent leur lien avec la dimension spirituelle de la vie. La Wicca devient plus qu'un ensemble de rituels ou de croyances ; cela devient une manière de vivre en harmonie avec le divin, le monde naturel et son moi intérieur. Alors que la Wicca continue d'évoluer et de s'adapter, son impact profond sur la vie quotidienne reste un aspect précieux et durable de la tradition.

## Faire face aux idées fausses et aux stéréotypes

La Wicca, une tradition païenne et de sorcellerie moderne, est souvent entourée d'idées fausses et de stéréotypes qui persistent depuis des décennies. Ces malentendus proviennent d'une combinaison de facteurs, notamment des inexactitudes historiques, des représentations médiatiques et la nature secrète de certaines pratiques wiccanes. En conséquence, les wiccans se retrouvent souvent confrontés à des idées fausses et à des stéréotypes qui peuvent conduire à des préjugés, à la discrimination et à la désinformation. Dans cette section, nous explorons certaines des idées fausses et stéréotypes courants associés à la Wicca, leurs origines et la manière dont les praticiens et la communauté au sens large peuvent travailler ensemble pour dissiper ces mythes et promouvoir une compréhension plus précise et plus respectueuse de cette spiritualité diversifiée et centrée sur la nature. tradition.

L'une des idées fausses les plus répandues à propos de la Wicca est son association avec le satanisme et les mauvaises pratiques. Cette idée fausse découle généralement d'un manque de compréhension des croyances et principes fondamentaux de la Wicca. En réalité, les wiccans n'adorent pas Satan et ne se livrent pas non plus à des rituels malveillants ou nuisibles. La Wicca est une religion basée sur la nature qui célèbre les cycles de la Lune et des saisons, en mettant l'accent sur le respect de la Terre et l'interdépendance de toute vie. La croyance qu'il ne faut faire de mal à personne est un principe central de l'éthique wiccan, et les praticiens s'efforcent de vivre en harmonie avec la nature et de promouvoir la gentillesse, la compassion et la responsabilité personnelle.

Les représentations médiatiques ont joué un rôle important dans la perpétuation des idées fausses sur la Wicca. Les émissions de télévision, les films et la littérature font souvent du sensationnalisme et déforment les pratiques de la Wicca, présentant les sorcières comme des personnages sinistres, malveillants ou séduisants qui se livrent à la magie noire et à des rituels. Ces représentations, bien que divertissantes, ressemblent peu aux croyances et pratiques des wiccans réels. Un tel sensationnalisme médiatique non seulement dénature la Wicca, mais contribue également à la perpétuation de stéréotypes pouvant conduire à des malentendus et à des préjugés.

Une autre idée fausse courante est l'idée selon laquelle les wiccans se livrent à des sorts nuisibles ou manipulateurs pour contrôler les autres ou provoquer des résultats néfastes. Cette idée fausse découle d'une mauvaise compréhension des principes éthiques qui guident la magie wiccan. Les wiccans croient qu'il est important d'utiliser la magie à des fins positives et constructives, telles que la guérison, la protection, la croissance personnelle et l'autonomisation. Le cadre éthique de la Wicca, qui met l'accent sur l'absence de préjudice et le respect du libre arbitre et de l'autonomie d'autrui, décourage l'utilisation de la magie à des fins nuisibles ou manipulatrices.

La nature secrète de certaines pratiques wiccanes a également contribué aux idées fausses et aux stéréotypes. Bien que la Wicca soit une tradition initiatique comportant certains éléments de secret, ce secret est souvent interprété à tort comme la preuve d'agendas néfastes ou cachés. En réalité, le secret vise à protéger la vie privée et la sécurité des pratiquants et à préserver le caractère sacré de certains rituels et enseignements. Cependant, ce secret a parfois donné lieu à des malentendus et à des soupçons infondés.

Faire face aux idées fausses et aux stéréotypes dans la Wicca est un défi à multiples facettes qui nécessite de la patience, de l'éducation et un dialogue ouvert. Les wiccans et la communauté au sens large peuvent travailler ensemble pour dissiper ces mythes et encourager une compréhension plus précise et plus respectueuse de la tradition.

L'éducation est un outil puissant pour dissiper les idées fausses sur la Wicca. Les wiccans peuvent prendre l'initiative d'éduquer leurs amis, les membres de leur famille et leurs collègues sur leurs croyances et leurs pratiques. Partager des informations précises et des expériences personnelles peut aider à démystifier la Wicca et à fournir une compréhension plus nuancée. De plus, les wiccans peuvent proposer de répondre aux questions et d'engager des conversations respectueuses avec ceux qui souhaitent réellement en savoir plus.

Promouvoir des représentations précises et respectueuses de la Wicca dans les médias et la culture populaire est une autre étape cruciale pour dissiper les stéréotypes. Encourager une représentation précise dans les livres, les films et les émissions de télévision peut aider à contrecarrer les représentations sensationnalistes et trompeuses qui perpétuent les idées fausses sur la Wicca depuis des années. Les wiccans peuvent également participer à des interviews avec les médias et contribuer à des documentaires ou des articles pour offrir une perspective authentique sur leur tradition.

Construire des ponts avec d'autres communautés religieuses et spirituelles est une autre façon de lutter contre les idées fausses sur la Wicca. Le dialogue et la coopération interreligieux peuvent favoriser la compréhension et le respect entre les divers groupes religieux. En participant à des événements interconfessionnels, les wiccans peuvent dissiper les mythes et les stéréotypes tout en mettant en valeur les valeurs et principes communs qu'ils partagent avec les autres, comme le respect de la nature et l'engagement en faveur d'une vie éthique.

Un plaidoyer et des actions en justice peuvent également être nécessaires dans les cas où les Wiccans sont confrontés à une discrimination ou à des préjugés dus à des idées fausses et à des stéréotypes. Les organisations et les individus wiccans peuvent s'efforcer de contester les pratiques et politiques discriminatoires, en plaidant pour l'égalité des droits et des protections devant la loi. En prenant position contre la discrimination, les wiccans peuvent promouvoir la sensibilisation et la compréhension de leurs droits et libertés religieux.

Il est essentiel de reconnaître que dissiper les idées fausses et les stéréotypes est un processus continu qui peut nécessiter de la patience et de la persévérance. Les malentendus peuvent être profondément enracinés et changer les perceptions prend du temps. Les wiccans peuvent continuer à s'engager dans des efforts de dialogue ouvert, d'éducation et de plaidoyer pour promouvoir une compréhension plus précise et plus respectueuse de leur tradition.

En conclusion, comme de nombreuses traditions spirituelles, la Wicca est confrontée à une série d'idées fausses et de stéréotypes qui persistent depuis des années. Ces malentendus proviennent d'inexactitudes historiques, de représentations médiatiques et de la nature secrète de certaines pratiques wiccanes. Cependant, en s'engageant dans l'éducation, en promouvant une représentation médiatique précise, en construisant des ponts avec d'autres communautés et en défendant leurs droits, les wiccans peuvent œuvrer à dissiper ces mythes et stéréotypes et favoriser une compréhension plus précise et plus respectueuse de leur tradition diversifiée et centrée sur la nature. Ce faisant, ils contribuent à une société plus inclusive et plus tolérante, où toutes les croyances et pratiques religieuses sont respectées et valorisées.

## Trouver et rejoindre des communautés Wiccan

La Wicca, une tradition païenne et de sorcellerie moderne, met fortement l'accent sur la communauté et la connexion. De nombreux praticiens trouvent que faire partie d'une communauté Wiccan améliore leur cheminement spirituel en leur fournissant un soutien, des conseils et des opportunités de croissance. Cependant, pour ceux qui découvrent la Wicca ou qui cherchent à se connecter avec des personnes partageant les mêmes idées, trouver et rejoindre des communautés Wiccan peut être un défi et une récompense. Dans cette section, nous explorons les différentes voies par lesquelles les individus peuvent trouver et rejoindre les communautés Wiccan, en soulignant l'importance de ces liens pour favoriser la croissance personnelle et spirituelle.

L'un des principaux moyens de trouver des communautés Wiccan consiste à passer par les magasins métaphysiques ou occultes locaux. Ces magasins servent souvent de plaques tournantes pour la communauté spirituelle, accueillant des événements, des ateliers et des rassemblements liés à la Wicca et à d'autres traditions païennes. Visiter ces magasins et assister à leurs événements peut offrir des opportunités de rencontrer d'autres pratiquants, de partager des expériences et de réseauter avec des personnes pouvant faire partie de groupes ou de conventions Wiccan existants. Beaucoup de ces magasins disposent également de tableaux d'affichage ou de sites Web sur lesquels ils publient des informations sur les événements à venir et les groupes recherchant de nouveaux membres.

Les communautés en ligne sont devenues de plus en plus célèbres ces dernières années, permettant aux individus de se connecter plus facilement avec les wiccans et les païens du monde entier. Les plateformes de médias sociaux, les forums ainsi que les sites Web dédiés à la Wicca et au paganisme offrent des espaces de discussion, de partage d'expériences et de recherche de conseils. Ces communautés en ligne offrent un sentiment d'appartenance et de soutien à ceux qui n'ont pas accès aux groupes Wiccan physiques dans leur région. Ils peuvent également constituer des ressources précieuses pour trouver des rassemblements et des événements locaux grâce au réseautage avec des connaissances en ligne.

Les festivals et événements métaphysiques ou païens locaux sont d'excellentes occasions de se connecter avec les communautés wiccanes. Ces rassemblements comportent souvent des ateliers, des rituels et des présentations par des praticiens expérimentés, offrant ainsi une plate-forme permettant aux nouveaux arrivants d'apprendre, de partager et de rencontrer des personnes partageant les mêmes idées. Assister à ces événements peut être un moyen agréable et immersif de se connecter avec les communautés Wiccan et de se familiariser avec diverses traditions et pratiques au sein de la Wicca.

Le réseautage grâce à des amis et des connaissances intéressés par la Wicca peut également conduire à des liens avec les communautés Wiccan. Les références et recommandations personnelles peuvent fournir des informations et des introductions précieuses aux groupes ou conventions établis. Partager son intérêt pour la Wicca avec des amis et des membres de la famille peut conduire à des liens inattendus, car d'autres peuvent connaître des praticiens ou des événements locaux.

Pour ceux qui recherchent une approche plus formelle et structurée pour rejoindre une communauté Wiccan, les conventions offrent un cadre traditionnel et intime pour la croissance spirituelle. Les covens sont de petits groupes soudés de wiccans qui pratiquent ensemble, partagent leurs connaissances et suivent souvent une tradition ou une lignée spécifique. Rejoindre un coven implique généralement un processus d'initiation et de formation, ainsi qu'un engagement envers les pratiques et l'éthique du groupe. Trouver un clan peut nécessiter de la patience et une réflexion approfondie, car tous les clans ne recrutent pas ouvertement de nouveaux membres. Le réseautage avec d'autres wiccans, la participation à des événements locaux et la recherche de recommandations auprès de praticiens expérimentés peuvent aider les individus à identifier les clans potentiels à approcher.

Il est essentiel d'aborder le processus de recherche et d'adhésion aux communautés Wiccan avec un cœur ouvert et une volonté d'apprendre. Le respect des croyances, des traditions et des pratiques des autres est primordial, car la Wicca englobe un large éventail de perspectives et de voies. Lorsqu'ils recherchent des liens au sein de la communauté Wiccan, les individus doivent être attentifs aux limites personnelles, au consentement et aux considérations éthiques.

En conclusion, trouver et rejoindre des communautés Wiccan est un aspect enrichissant et épanouissant du voyage spirituel pour de nombreux pratiquants. Que ce soit par le biais de boutiques métaphysiques locales, de communautés en ligne, de festivals, de références personnelles ou de conventions, il existe diverses façons d'interagir avec des personnes partageant les mêmes idées et partageant une passion pour la Wicca. Ces connexions offrent des opportunités d'apprentissage, de croissance, de soutien et d'approfondissement de son chemin spirituel. En recherchant activement et en s'engageant avec les communautés Wiccan, les individus peuvent nouer des liens significatifs qui améliorent leur compréhension de la Wicca et enrichissent leur vie spirituelle.

## L'avenir de la Wicca

La Wicca, une tradition païenne et sorcellerie moderne, a connu une croissance et une transformation significatives depuis son émergence au milieu du XXe siècle. Alors que le paysage spirituel continue d'évoluer, la Wicca se trouve à la croisée des chemins, confrontée à des défis et à des opportunités. L'avenir de la Wicca recèle la promesse d'une croissance continue, d'une diversification et d'une adaptation aux besoins et intérêts changeants de ses praticiens. Dans cette section, nous explorons certaines des tendances clés et des développements potentiels qui pourraient façonner l'avenir de la Wicca.

L'une des tendances les plus significatives pour l'avenir de la Wicca est l'accent croissant mis sur la diversité et l'inclusion. Les communautés wiccan sont de plus en plus inclusives d'individus issus de divers horizons, ethnies, genres et orientations sexuelles. Il est de plus en plus reconnu que la spiritualité doit être accessible et accueillante pour tous, quelle que soit l'identité de chacun. En conséquence, l'avenir de la Wicca verra probablement un plus large éventail de voix et de perspectives au sein de ses rangs, enrichissant la tradition et favorisant une plus grande acceptation.

L'engagement de la Wicca dans le dialogue interreligieux devrait croître. Les praticiens wiccans conversent et collaborent de plus en plus avec des individus issus d'autres traditions religieuses et spirituelles. Cet échange d'idées et d'expériences favorise une meilleure compréhension et un plus grand respect entre les divers groupes religieux. À mesure que la Wicca continue d'interagir avec d'autres confessions, elle pourrait trouver un terrain d'entente et des opportunités de coopération dans des domaines tels que la gestion de l'environnement, la justice sociale et la vie éthique.

Tout en honorant ses croyances et principes fondamentaux, la Wicca est susceptible de moderniser certaines de ses pratiques pour les aligner sur les besoins et les préférences des praticiens contemporains. Cela pourrait inclure l'intégration de la technologie dans les rituels, l'adaptation des rituels aux environnements urbains et la résolution des défis posés par le mode de vie trépidant de nombreux wiccans modernes. Les valeurs spirituelles fondamentales de la Wicca resteront intactes, mais la manière dont elles sont exprimées et pratiquées pourra évoluer.

Le lien profond de la Wicca avec la nature devrait se poursuivre et se développer. Avec la prise de conscience mondiale croissante des problèmes environnementaux, de nombreux wiccans deviennent plus actifs dans la défense de la durabilité et de la conservation écologiques. L'avenir de la Wicca pourrait avoir un accent plus marqué sur la spiritualité centrée sur la Terre et un engagement en faveur de l'activisme et de la gestion de l'environnement comme extension naturelle de ses croyances fondamentales.

L'avenir de la Wicca pourrait être témoin du développement de nouveaux rituels, pratiques magiques et traditions. Les wiccans ont toujours été ouverts à l'expérimentation et à l'exploration personnelle, et cet esprit d'innovation est susceptible de perdurer. Les praticiens peuvent s'inspirer de diverses sources, adapter leurs pratiques aux sensibilités modernes et explorer de nouvelles formes de magie et de divination.

La disponibilité de l'information via Internet et les médias sociaux a permis aux individus d'accéder plus facilement aux ressources et de se connecter aux communautés Wiccan. L'avenir de la Wicca pourrait impliquer des efforts accrus en matière d'éducation et de sensibilisation, avec des praticiens et des organisations fournissant des ressources, des ateliers et des cours en ligne pour aider les nouveaux arrivants et les Wiccans expérimentés à approfondir leur compréhension et leur pratique.

À mesure que la Wicca gagne en visibilité et en acceptation, des efforts pourraient être déployés pour garantir la reconnaissance juridique et la protection des pratiques religieuses wiccanes. Cela inclut la résolution des problèmes liés à la discrimination religieuse, à l'accès aux sites sacrés et au droit d'accomplir des cérémonies et des rites légalement reconnus.

La Wicca n'est limitée à aucune région géographique spécifique, et l'avenir de la tradition pourrait impliquer une mondialisation plus poussée. À mesure que les communautés et les pratiques Wiccan se propagent dans différentes parties du monde, elles peuvent incorporer des éléments culturels et des traditions locales, contribuant ainsi à la diversité des pratiques et croyances Wiccan.

En conclusion, l'avenir de la Wicca est un paysage dynamique et évolutif qui reflète l'évolution du milieu spirituel et culturel du 21e siècle. Tout en honorant ses principes et valeurs fondamentaux, la Wicca adoptera probablement la diversité, l'inclusion et l'adaptabilité. La tradition continue à prospérer à mesure qu'elle s'engage dans le dialogue interreligieux, modernise ses pratiques, adopte une conscience environnementale, favorise l'innovation, investit dans l'éducation et la sensibilisation, recherche une reconnaissance juridique et explore de nouveaux horizons à l'échelle mondiale. À mesure que la Wicca évolué, elle reste une voie spirituelle dynamique et pertinente pour ceux qui recherchent un lien profond avec la nature, une autonomisation personnelle et un sentiment d'appartenance au sein d'un monde diversifié et interconnecté.

# Conclusion

En conclusion, le monde des sorts et des rituels Wiccan offre un chemin riche et profond vers l'autonomisation spirituelle et la découverte de soi. Tout au long de cette exploration de la magie Wiccan, nous avons approfondi les principes fondamentaux qui sous-tendent ces pratiques, les différents types de sorts et de rituels, ainsi que les outils et éléments essentiels à leur succès. Il est évident que la Wicca est une tradition dynamique et profondément spirituelle qui met l'accent sur la connexion avec le monde naturel, l'exploitation du pouvoir personnel et la promotion de changements positifs dans la vie de chacun et dans le monde en général.

Ce livre électronique constitue un outil puissant de transformation, permettant aux pratiquants de manifester leurs intentions, de guérir les blessures émotionnelles, de se protéger ainsi que leurs proches et d'approfondir leur lien spirituel. L'intention et la concentration que les Wiccans apportent à leurs sorts et rituels sont cruciales, car ils alignent leurs énergies avec les forces de la nature et du divin pour effectuer des changements conformément à leur volonté. Il ne s'agit pas d'une pratique enracinée dans la superstition ou la manipulation, mais fermement ancrée dans des considérations éthiques, telles que le Wiccan Rede et la triple loi, qui soulignent l'importance de ne pas causer de mal et d'agir de manière responsable.

De plus, les outils et correspondances utilisés dans la magie wiccan, tels que les herbes, les cristaux, les bougies et les symboles, ne sont pas de simples accessoires mais des conduits permettant de canaliser l'énergie et l'intention. Ces éléments servent à améliorer la puissance et l'efficacité des sorts et des rituels, renforçant ainsi le lien du pratiquant avec les royaumes naturel et spirituel.

La Roue Wiccan de l'Année, avec ses huit sabbats et les rituels correspondants, approfondit encore le voyage spirituel des Wiccans en les alignant sur les cycles des saisons et les énergies associées à chaque phase. Cette connexion avec le monde naturel favorise un sentiment d'harmonie et d'harmonisation avec la Terre, renforçant l'idée que la spiritualité n'est pas séparée du monde mais en fait partie intégrante.

La magie wiccan n'est pas une entreprise solitaire, car les conventions et les communautés jouent un rôle important en fournissant du soutien, des conseils et des expériences partagées. Ces familles spirituelles offrent un sentiment d'appartenance et favorisent la croissance personnelle, alors que les pratiquants se réunissent pour célébrer les sabbats, partager leurs connaissances et explorer les mystères du métier. Les liens tissés au sein de ces groupes sont souvent profonds et durables, créant un sentiment d'unité et d'objectif commun.

En explorant les facettes de la magie Wiccan, il devient clair que sa véritable essence réside dans l'autonomisation de l'individu. Les wiccans sont encouragés à embrasser leur pouvoir personnel, à explorer leurs paysages intérieurs et à manifester leurs intentions en plaçant des considérations éthiques au premier plan de leur pratique. Cette autonomisation s'étend au-delà des sorts et des rituels, façonnant la manière dont les Wiccans abordent les défis, fixent des objectifs et naviguent dans les complexités de la vie.

Dans le paysage de la spiritualité en constante évolution, la Wicca continue de s'épanouir, de s'adapter et de trouver un écho auprès de ceux qui recherchent une croissance personnelle, une connexion avec la nature et une autonomisation spirituelle. Qu'elle soit pratiquée en tant que sorcière solitaire ou au sein d'un clan, la magie Wiccan offre un profond voyage de découverte de soi et de transformation. Cela rappelle que la magie n'est pas quelque chose d'extérieur mais un reflet du pouvoir et du potentiel innés qui résident en chaque pratiquant, attendant d'être éveillé et exploité pour le bien de lui-même et du monde qui l'entoure. En fin de compte, l'exploration de ce livre électronique révèle un chemin d'émerveillement, de respect et de quête continue de croissance spirituelle et d'illumination.